“1+X”职业技能等级证书配套教材
跨境电子商务多平台运营系列

初级

跨境电子商务多平台操作

KUAJING DIANZI SHANGWU DUOPINGTAI CAOZUO

厦门优优汇联信息科技股份有限公司 组编

中国人民大学出版社
· 北京 ·

图书在版编目（CIP）数据

跨境电子商务多平台操作 / 厦门优优汇联信息科技股份有限公司组编 . -- 北京 : 中国人民大学出版社，2022.3

"1+X"职业技能等级证书配套教材 . 跨境电子商务多平台运营系列

ISBN 978-7-300-30359-8

Ⅰ. ①跨… Ⅱ. ①厦… Ⅲ. ①电子商务－运营管理－职业技能－鉴定－教材 Ⅳ. ① F713.365.1

中国版本图书馆 CIP 数据核字（2022）第 034996 号

"1+X"职业技能等级证书配套教材 · 跨境电子商务多平台运营系列

跨境电子商务多平台操作

厦门优优汇联信息科技股份有限公司　组编

Kuajing Dianzi Shangwu Duopingtai Caozuo

出版发行	中国人民大学出版社		
社　址	北京中关村大街 31 号	邮政编码	100080
电　话	010－62511242（总编室）		010－62511770（质管部）
	010－82501766（邮购部）		010－62514148（门市部）
	010－62515195（发行公司）		010－62515275（盗版举报）
网　址	http://www.crup.com.cn		
经　销	新华书店		
印　刷	中煤（北京）印务有限公司		
规　格	185 mm × 260 mm　16 开本	版　次	2022 年 3 月第 1 版
印　张	13.25	印　次	2023 年 1 月第 2 次印刷
字　数	285 000	定　价	58.00 元

编委会

赵　均　浙江省永康市职业技术学校
叶卫军　宁波市职业技术教育中心学校
蒋倬伶　宁波市奉化区工贸旅游学校
杨　勇　西双版纳州财贸学校
蔡江波　江苏省宿迁经贸高等职业技术学校
陶　然　江苏省淮阴商业学校
汪　宜　南京金陵高等职业技术学校
焦陆珺　黔东南州工业学校（黔东南技师学院）
陈海燕　闽江师范高等专科学校
刘俊材　四川省宜宾市南溪职业技术学校
欧阳玮　赣州市南康中等专业学校
宋夕东　山东省潍坊商业学校
张　莉　沈阳现代制造服务学校
姚丽君　黑龙江省商务学校
王红蕾　北京市商业学校
苏　悦　北京市对外贸易学校
王　进　江苏省扬州旅游商贸学校
刘朝顺　广南县民族职业高级中学
熊光辉　大姚县职业教育中心
葛绍清　四川省乐山市第一职业高级中学
宋　静　澜沧拉祜族自治县职业高级中学
陈良华　重庆市九龙坡职业教育中心
钱晓舒　常州刘国钧高等职业技术学校
王友全　临沂市信息工程学校
任　庆　江西工程高级技工学校
冯　璐　陕西省电子信息学校
黄祎玮　江苏省张家港中等专业学校
梅　琳　苏州工业园区工业技术学校
吴忠华　江西赣州技师学院

钱乃霜　哈尔滨市现代应用技术中等职业学校
张　松　哈尔滨市商业学校
徐　明　北京市对外贸易学校
代　雯　青岛财经职业学校
邓　超　厦门优优汇联信息科技股份有限公司
林慧敏　厦门优优汇联信息科技股份有限公司
刘俊楠　厦门优优汇联信息科技股份有限公司
金　珂　厦门优优汇联信息科技股份有限公司
王新浩　厦门优优汇联信息科技股份有限公司
黄盈莹　厦门优优汇联信息科技股份有限公司
陈颖慧　厦门优优汇联信息科技股份有限公司

前 言

为响应国家职业技能等级证书试点项目号召，厦门优优汇联信息科技股份有限公司结合当前相关行业发展实际情况，携手行业、企业、院校，组织有关专家开发了《跨境电子商务多平台运营职业技能等级标准》，并在此基础上研发了“1+X”职业技能等级证书配套教材·跨境电子商务多平台运营系列。

根据标准，本系列教材分为《跨境电子商务多平台操作》《跨境电子商务营销推广》《跨境电子商务运营分析与管理》，分别对应跨境电子商务多平台运营职业技能等级认证教材的初级、中级和高级，适用于跨境电子商务运营相关岗位的初级、中级和高级的发展阶段，且可融入职业院校人才培养规划的课程体系中，促进书证融通，培养符合企业要求的技术技能型人才。

《跨境电子商务多平台操作》依据《跨境电子商务多平台运营职业技能等级标准》（初级）编写，每一个教学任务、工作技能都能覆盖到职业技能等级标准中对知识与技能的要求。通过学习本书，学习者可以对跨境电子商务运营形成系统而清晰的认知。

本书具备以下特点：

1. 在教材开发方法上，本书立足跨境电子商务运营工作领域，对典型职业活动进行分析，提取岗位工作技能为最小单位进行开发，以培养岗位技能为目标，贯彻“做中学，学中做”的教学思路，使学生具备从事跨境电子商务运营工作的能力。

2. 本书将全球领先企业使用的 OKR 目标管理法融入教学，每个项目为学生设定企业 OKR 目标，明确本项目工作成果达成目标，及达成目标所要完成的关键工作，从而让学习有目标、有成果，促进学生对工作技能的掌握，是推进“三教”改革的一次卓越突破。

3. 跨境电子商务运营属于新兴职业，职业院校难以获得产业资源，厦门优优汇联信息科技股份有限公司结合自身丰富的产业资源，将跨境电子商务运营企业的工作项目、工作流程、岗位技能融入教材、引入课堂，促进产教融合。

本书由厦门优优汇联信息科技股份有限公司组织编写，并得到了赣州市南康中等专业学校、黑龙江省商务学校、无锡商业职业技术学院、安徽商贸职业技术学院、铜陵职业技术学院、海南职业技术学院、厦门海洋职业技术学院、厦门兴才职业技术学院、武汉外语外事职业学院等诸多高校，敦煌网、雨果网、华南跨境电子商务研究院、厦门鹿课教育科技有限公司等知名企业以及中国人民大学出版社的大力支持，在此表示由衷感谢！另外，本书在编写过程中，查阅并吸收了有关网络、书刊等资料，在此一并对作者表示诚挚的谢意！

信息技术、网络技术和跨境电子商务正在快速发展变化中，各种新的跨境电商平台工具和服务不断涌现，网页更新速度加快，本书涉及的内容具有较强的时效性，加之编写时间紧张及编者水平有限，书中难免存在不足之处，敬请各位行业专家、读者批评指正。

编者

2022 年 2 月

教材使用说明

本教材为新型活页式教材，课程融入行业新技术、新要求、新规范，具备更多产教融合的成分，故这也使本教材与传统教材在使用上存在一定的差异，特编写此教材使用说明。

一、项目内容解读模块

该模块由企业工单、学习目标、任务书等栏目组成，帮助老师为学生介绍本项目的目标、工作任务、学习内容。

1. 企业工单：发布本项目企业 OKR 目标，使学生了解本项目工作要达成的目标及关键的阶段成果，培养明确的目标意识。OKR 是企业使用的目标管理方法，我们将 OKR 应用于教学，为学生树立挑战目标，让学生不再为学而学、为做而做，而是始终清楚自己所做的任务是为了达成什么目标。

工单下方是检查事项，罗列了本项目任务实践过程中关键的或容易忽视的事项，学生在完成项目学习与实践后，可利用检查事项进行核对，以培养学生自检自查的良好习惯。

2. 学习目标：标明完成本项目后学生应达成的知识目标、能力目标、思政目标。

3. 任务书：包含本项目的学习与工作流程，并通过表格的形式呈现学习任务、学习要点，以及要完成的实践活动。

二、学习准备模块

该模块由任务分组、工作准备栏目组成，在完成项目内容解读之后，学生之间组成小组，完成工作准备。

1. 任务分组：老师辅助学生完成任务分组，组内成员明确个人分工，并将组员和分工信息填入表格。

2. 工作准备：根据工作准备要求，学生自行完成课前的学习，做好知识、技能的准备。

三、教学核心模块

该模块包含知识充电站、案例解析、工作实施、课堂测验、评价反馈、思政园地等栏目，满足教、学、做、测、评五大教学核心环节的需求。

1. 知识充电站：即教材正文内容，对各个项目任务的知识点进行了细致的解读，帮助学生系统性地掌握知识内容。

2. 案例解析：以任务为单位，结合任务相关内容设置跨境电商行业经典案例，并对案例进行分享、解读，帮助学生从案例中学习、验证知识，扩展视野。

3. 工作实施：以任务为单位，呈现了该任务的学习过程中学生需要完成的实践活动，学生能够了解实践活动的活动情境、工具 / 环境、实施流程等。此外，通过若干个教材知识点相关问题，引导学生利用课程知识点进行回答，帮助学生巩固学习内容。

4. 课堂测验：通过若干道习题，帮助学生快速检测所学知识。课堂测验中还会融入思政题，用来了解学生的思想政治素养水平。

5. 评价反馈：评价反馈是项目的最后一个栏目，包含学生互评、教师评价、企业评价、综合评价，从多个方面、多个角度对学生进行评价反馈。其中，企业评价是对学生的 OKR 目标完成情况进行复盘评价。评价的目的不在于评判学生学习的高低优劣，而是发现问题、改正问题、提出优化方案。

6. 思政园地：每本教材的末尾设置有思政园地模块，结合本教材的主要内容设置了能够反映跨境电商工作思政素养的真实案例，让学生在潜移默化中形成正确的思想政治素养和行为。

名词解释

名　词	解　释
费率	从收款账号中提现货款时，平台方收取的手续费比率。
FBA	亚马逊平台官方提供的代发货业务，具体包括仓储、拣货、包装、配送、收款、客服及退货处理等一条龙物流服务。
汇损	平台方在对币种进行转换时，由于汇率的差额而造成的金额损失。
海外仓	即第三方海外仓储服务，由物流服务商独立或共同为卖家在销售目标地提供的货品仓储、分拣、包装、派送的一站式控制与管理服务。
自发货	卖家在收到买家订单之后，直接从国内供应商或仓库发货给国外买家，即由卖家自己负责仓储、分拣、包装、派送和客户服务等活动。
账号关联	被系统识别到有两个或以上的卖家账号为同一卖家主体所有。
知识产权	权利人对其特定的智力劳动成果在一定期限内享有的专有权利。
关键词	买家在搜索时，输入的能够最大程度概括买家所要查找的信息内容。

名词	解释
主图	买家搜索产品后呈现的产品图片。
产品页面	即介绍产品具体优势卖点的页面，通常包括产品标题、主图、详情描述等内容，是买家了解产品的重要途径，与点击率和转化率息息相关。
FAB 法则	常用的营销法则之一，F 代表属性（Feature）、A 代表作用（Advantage）、B 代表对买家的益处（Benefit）。
客单价	店铺每一个买家平均购买商品的金额，也就是平均交易金额，客单价的计算公式是：客单价 = 销售额 ÷ 成交买家数。
关联产品	同主力商品或辅助商品共同购买、共同消费的商品。
产品规格	产品规格是指产品的尺寸、外观、型号。
订单跟踪	跟进了解打包装捡、确认发货、取消订单、订单退款等订单状况。
催评	即催促买家评价，卖家主动与买家沟通，让买家对所购买产品进行留评或建立起留评意识。

名　词	解　释
SKU	库存进出计量的单位或库存单位，是分配给产品的唯一的数字或字母数字代码。卖家需要一个专用格式来生成 SKU，这些代码非常重要，可以帮助卖家跟踪、检查、比较、补充和分析库存。
MAC 地址	以太网地址（Ethernet Address）或物理地址（Physical Address），是一个用来确认网络设备位置的地址。
运营	与产品生产和服务创造密切相关的各项管理工作的总称。
配送费	将指定货物运输到指定地点所收取的费用。
仓储费	仓储行业业主为关联需求客户提供仓储劳务而收取的费用。
合仓费	将不同仓库的货物合并到一起所收取的费用。
接待人数	客服服务的买家数量。
询单转化率	来店铺咨询最终下单的买家数占来店铺咨询总人数的百分比。
响应时间	买家咨询到客服回复所花费的时间。

跨境电子商务多平台运营学习地图

该学习地图的路径根据跨境电子商务岗位工作流程设计，包含《跨境电子商务多平台操作》《跨境电子商务营销推广》《跨境电子商务运营分析与管理》的内容其中高亮部分为本书包含内容，与《跨境电子商务多平台运营职业技能等级标准(初级)部分的内容相对应。

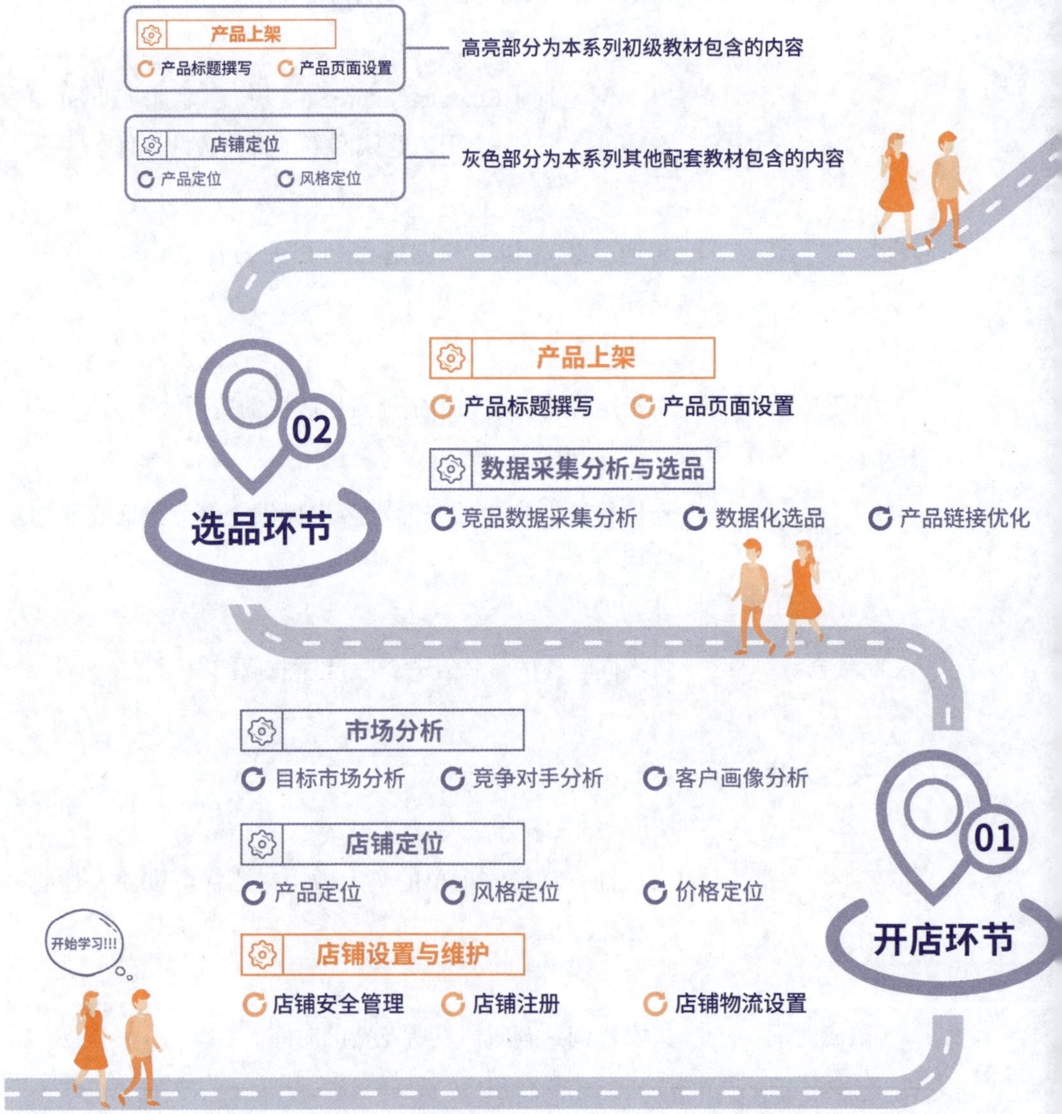

03 营销环节

店铺活动策划与执行

- 店铺活动策划
- 店铺活动执行

站内营销推广执行

- 站内推广方案制定
- PPC广告投放

站外营销推广执行

- 站外推广方案制定
- Google Ads推广
- SNS推广
- Deal网站推广

04 客户服务环节

订单处理

- 订单跟踪
- 订单反馈

售前客服

- 咨询回复
- 产品推荐与促单

售后客服

- 退换货处理
- 评价处理

客服管理

- 客户信息收集与管理
- 客户异议问题处理
- 客户服务内容分析
- 客户服务质量优化

05 优化环节

店铺利润分析与优化

- 销售利润分析
- 店铺销售方案优化

店铺健康与业绩数据分析

- 店铺健康数据分析
- 店铺业绩数据分析

店铺活动效果评估与优化

- 活动数据收集与统计
- 活动数据分析与优化

站内外营销推广数据分析

- 站内推广数据分析与优化
- 站外推广数据分析与优化

目 录

先导篇

跨境电商概论

导论

一、跨境电商概述

（一）跨境电商的概念

跨境电商即跨境贸易电子商务（Cross-Border Electronic Commerce），特指跨境网络零售，具体是指分属于不同“关境”的交易主体，借助互联网达成交易，进行支付结算，并采用快件、包裹等方式通过国际物流将商品送达消费者手中的交易过程，包括进出口，是一种国际商业活动。

（二）跨境电商与传统外贸

从概念上来看，跨境电商等同于在网上进行的小额买卖，包括外贸小额批发及零售，主要对象是消费者；而传统进出口 B2B 货物只能销售给进口商，需要签订传统的外贸购销合同，准备箱单、纸质发票、报关单等纸质单证，不属于跨境电商范畴。

跨境电商将传统外贸流程数字化、网络化、碎片化，购买特点以小批量、多频率、小金额为主，包括直接的商品交易和相关服务。跨境电商跨越实体和线上，实现随时随地、无缝连接。传统外贸与跨境电商的对比如图 0－1 所示。

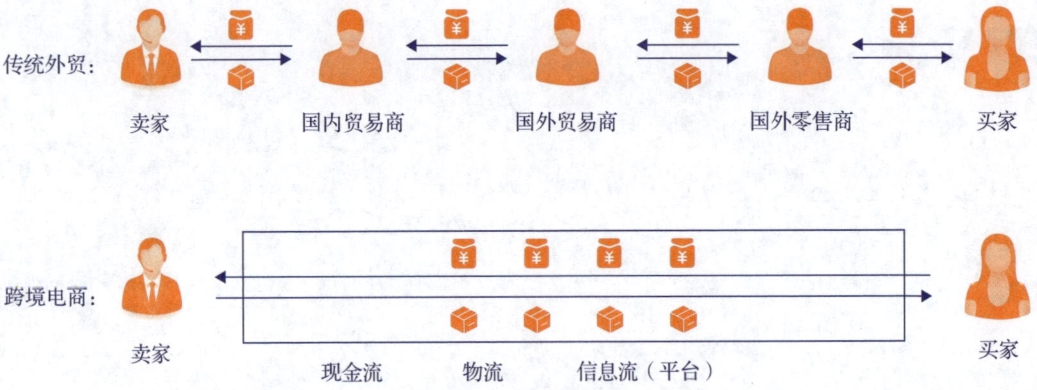

图 0－1　传统外贸与跨境电商的对比

二、跨境电商发展背景

（一）海外电商消费诉求

近年来，随着俄罗斯、巴西、印度等国家电子商务的蓬勃发展，产生了诸多新的电商消费需求，海外网购消费者对“中国制造”商品越来越青睐。海外市场网购用户规模的提升，对中国跨境出口电商是一个利好信号。

从海外市场来看，全球正经历线上购物冲击线下零售的消费变革，为线上销售打开了空间；从贸易方式来看，跨境出口电商能更加高效地满足海外消费者的需求，逐步替代传统贸易出口；从电商特性来看，消费变革下电商渠道自身的无穷展示属性，给了中国优秀供应链创建品牌、弯道超车的机会。

（二）跨境电商企业的推动

我国跨境出口电商行业经历了多年的发展，尤其是2010年后的爆发式增长，目前已经形成了巨大的市场规模。数据显示，2020年我国跨境电商相关企业达到57万家，与2019年相比增长80%。就全球电商市场来说，中国既是消费大国，也是生产大国，已然成为跨境电商零售全球化的焦点。

作为全球最大的电商零售市场，2020年中国的电商销售额为2.3万亿美元，占全球总额的29%。随着互联网的普及以及消费水平的提升，其他国家的跨境电商机会也逐渐增加。所以在近几年里，电商企业考虑全球布局的需求，通过兼并收购入驻本土零售的趋势更加明显，比如阿里巴巴（Alibaba）收购东南亚的来赞达（Lazada）、亚马逊（Amazon）收购阿联酋的苏克（Souq）。

（三）消化制造业产能的要求

作为制造业大国，中国的出口一直是拉动经济增长的重要驱动力。目前国内制造业产能充足，经过长年的海外代工积累，中国制造业在规模和质量方面都有了极大的提升。但是当前国内人力成本不断上升，国内制造业需要进行结构的优化升级。为了消化国内现有制造业产能，继续驱动经济往更好方向发展，将“中国制造”销往境外是关键之举。

（四）政策扶持力度大

近几年，国务院、商务部、国税总局以及地方政府不断出台政策，鼓励跨境出口电商发展。一方面为跨境出口电商发展提供优惠政策；另一方面为跨境出口电商的发展提供基础设施支持，此外还通过合理监管引导行业往健康的方向发展。

随着“一带一路”倡议的提出，国家在税收、支付、通关、海外仓等方面进行了优化，为跨境出口电商提供了更加便利的条件。未来伴随着更多有利于跨境出口电商的政策出台，跨境出口电商将继续保持快速发展的势头。

三、跨境电商发展概况

（一）中国跨境电商步入成熟期，疫情期间逆势增长

回顾全球跨境电商行业发展历程可以发现，跨境电商是从传统外贸发展到外贸电商，再进一步发展成为跨境电商的。跨境电商发展至今，也不过二三十年的时间，其借助于互联网技术的快速提升，呈现出爆发式增长。

我国跨境电商在二十年间从无到有、从弱到强，经历了从萌芽到成长、从扩张到成熟的四个阶段。当前，我国跨境电商产业正在加速外贸创新发展进程，已经成为我国外贸发展的新引擎。

新冠肺炎疫情导致海外市场需求下降，2020 年外贸进出口低迷，至三季度实现由负转正。反观跨境电商，其进出口则一直保持逆势增长的态势，前三季度，我国通过海关跨境电商管理平台进出口总值为 1 873.9 亿元，已超 2019 年全年，同比增长 52.8%，为外贸进出口回稳做出突出贡献。

截至 2020 年年底中国货物贸易进出口总值达到 32.16 万亿元，比 2019 年增长 1.9%。其中，2020 年中国跨境电商进出口总值为 1.69 万亿元，增长了 31.1%，如图 0－2 所示。

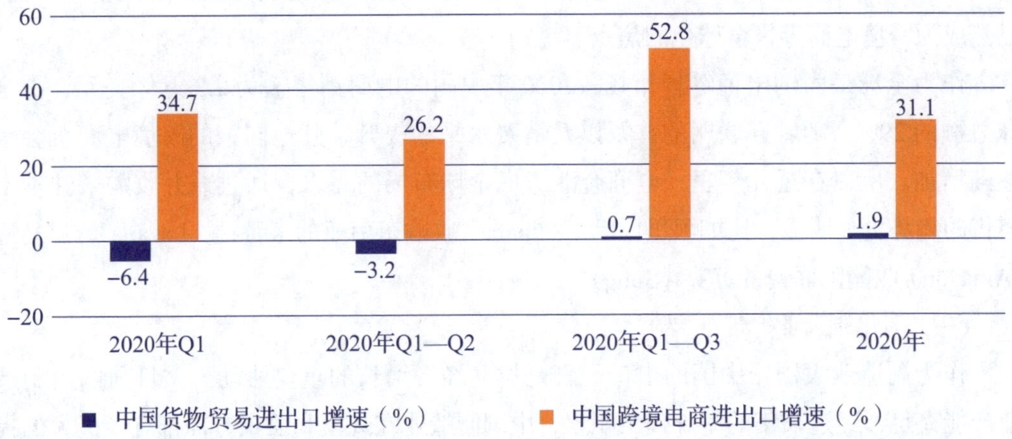

图 0－2　2020 年中国货物贸易及跨境电商进出口增速对比情况

资料来源：前瞻产业研究院根据海关总署公布的数据整理。

（二）跨境电商东南亚市场快速崛起

尽管欧美仍是目前跨境电商最主要的市场，但东盟已经成为我国最大的贸易伙伴，进入东南亚的中国企业数量已经超过日韩和俄罗斯。此外，进入非洲、拉美、中东等市场的企业均不足 20%，未来将有极大拓展空间。

2019 年，我国与“一带一路”沿线国家的进出口总值达到 9.27 万亿元，增长 10.8%，高出外贸整体增速 7.4 个百分点。2020 年中国跨境电商企业市场分布如图 0－3 所示。

（三）除入驻大型 B2C 平台外，独立站正在兴起

跨境电商企业在亚马逊、阿里巴巴国际站和速卖通的入驻率排列前三，Shopee（虾皮网）、Lazada 两个面向东南亚市场的平台也成为中国跨境电商企业的重要选择。此外，入驻 Newegg（新蛋网）、Cdiscount（雨果网）、日本乐天等海外国家本地平台的企业占比为 14.4%，中国的跨境电商企业正在深度融入全球市场。2020 年中国跨境电商入驻平台情况如图 0－4 所示。

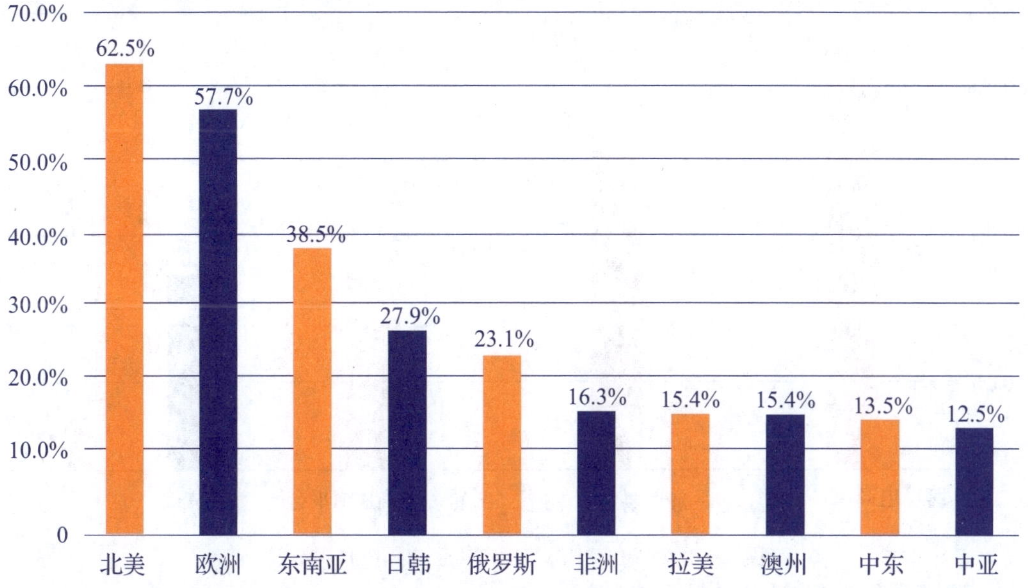

图 0－3　2020 年中国跨境电商企业市场分布

资料来源：前瞻产业研究院根据海关总署公布的数据整理。

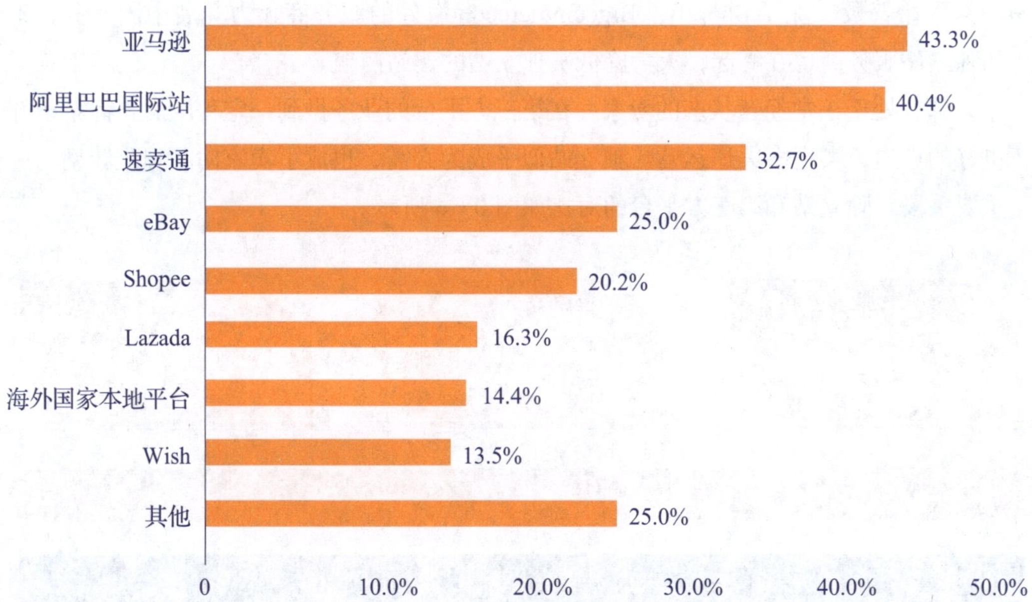

图 0－4　2020 年中国跨境电商入驻平台情况

资料来源：前瞻产业研究院根据相关数据整理。

跨境电商已经进入立体化渠道布局阶段，25% 的企业已经开设独立站。新冠肺炎疫情进一步推动了这一趋势，很多企业表示正在筹划建立独立站。2020 年中国跨境电商企业渠道布局情况如图 0－5 所示。

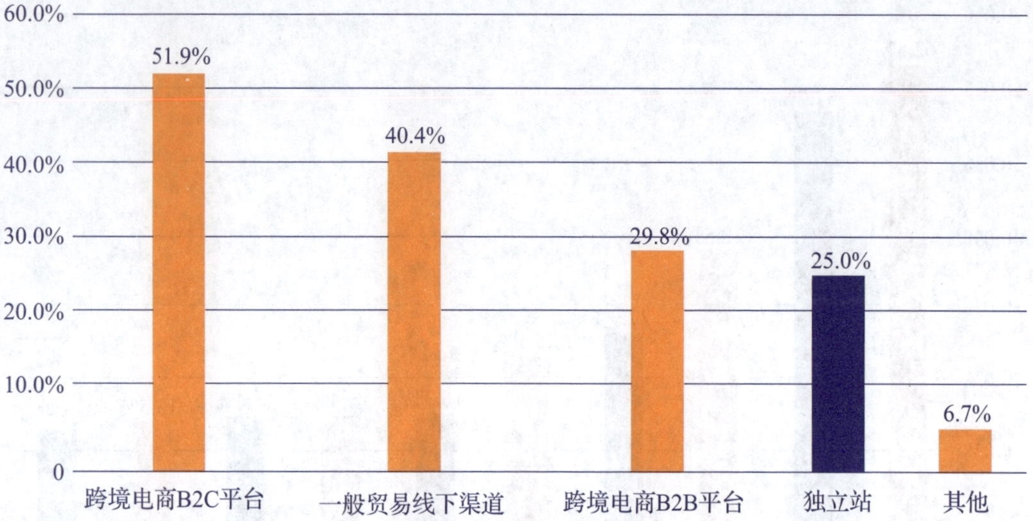

图 0－5　2020 年中国跨境电商企业渠道布局情况

资料来源：前瞻产业研究院根据相关数据整理。

独立站的兴起，一方面是因为第三方平台运营成本增加、头部效应越来越明显，且常出现罚款或封号等问题，让一部分中小卖家开始向独立站迁移；另一方面，独立站建站工具开始普及，除了 Shopify、Bigcommerce 等海外的服务商大力开展中国业务，本土的独立站服务商也在崛起，大大降低了独立站的建站门槛。

大部分处于正常经营状态的卖家，在第三方平台的业务做到一定程度后，都希望开拓更好的渠道，实现多渠道运营。独立站似乎成为必需，也成了卖家向品牌化转型的一个重要手段。独立站和第三方平台的对比如图 0－6 所示。

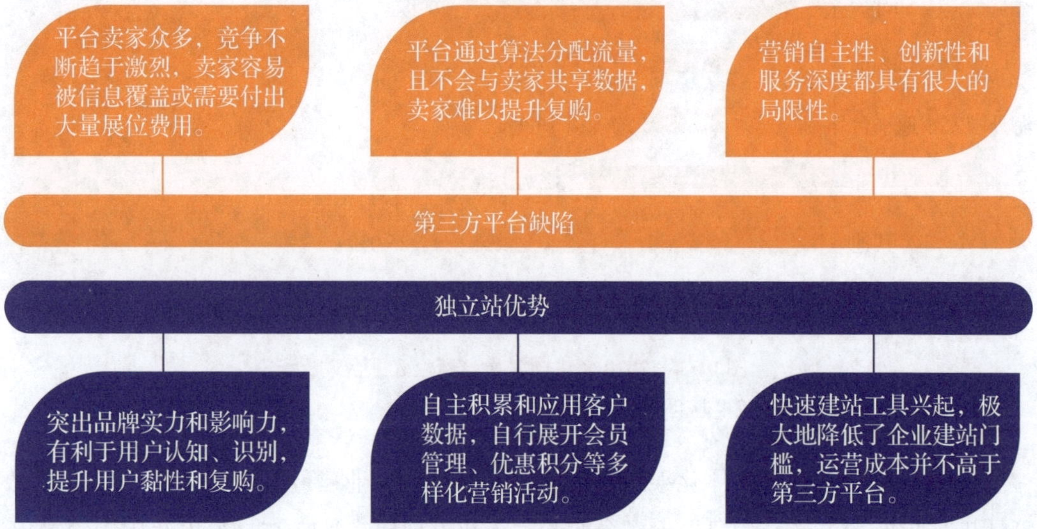

图 0－6　独立站和第三方平台对比

资料来源：前瞻产业研究院根据相关数据整理。

(四) 中国跨境电商商品以个人、家庭消费品为主

针对个人和家庭消费，经营家居家具、服装鞋帽、数码 3C 类目产品的商家占比均超过 40%。个人、家庭消费品成为中国跨境电商的核心类目，具体如图 0－7 和图 0－8 所示。

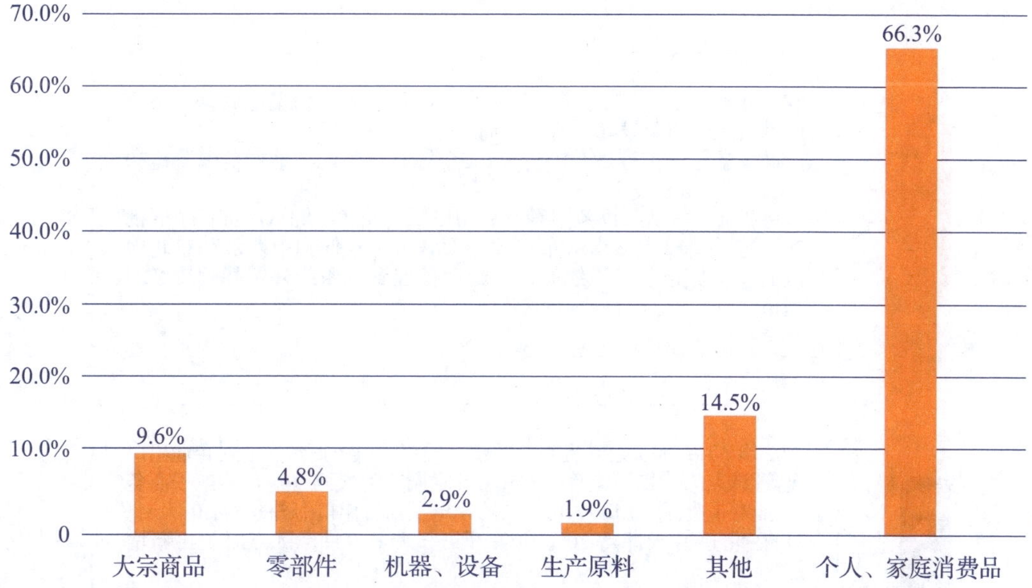

图 0－7 中国跨境电商产品类型分布情况

资料来源：前瞻产业研究院根据相关数据整理。

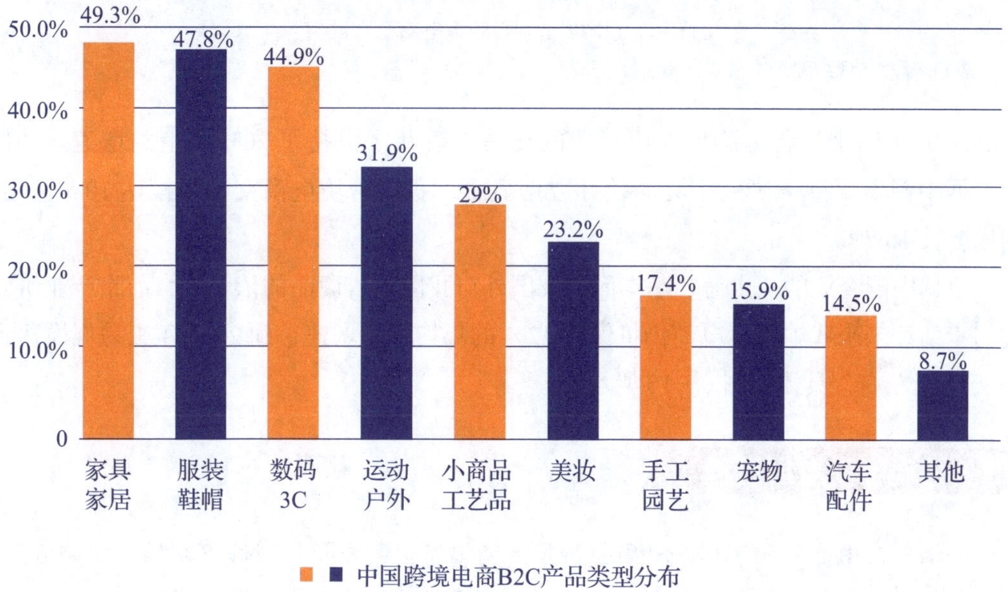

图 0－8 中国跨境电商 B2C 产品类型分布情况

资料来源：前瞻产业研究院根据相关数据整理。

（五）政策助力中国跨境电商，发展前景巨大

2020 年 6 月，海关总署发布《关于开展跨境电子商务企业对企业出口监管试点的公告》，增设“跨境电子商务企业对企业直接出口 –9710”“跨境电子商务出口海外仓 –9810”代码。在疫情影响之下，发展跨境电商是做好“六稳”工作、落实“六保”任务的重要举措。2020 年，利好政策连续出台，具体如图 0 – 9 所示。

综试区扩容

2020年4月，国务院常务会议决定在已设立59个跨境电商综合试验区基础上，再新设46个跨境电商综合试验区。
全面覆盖——扩容后全国将有105个综合试验区，地域范围覆盖30个省（区、市）。
有序扩容——从布局范围看，从2015年到2020年综试区进行了五批次扩容，将试点城市从东部大中型城市，延伸到中西部和东北地区的省会城市、二三线城市，最后扩展到三四线外贸基础较好的城市。

增设监管代码

2020年6月，海关总署发布《关于开展跨境电子商务企业对企业出口监管试点的公告》，增设B2B出口专属监管代码（“跨境电子商务企业对企业直接出口–9710”、“跨境电子商务出口海外仓–9810”），并在北京、天津等10个海关开展试点。9月，试点海关再新增12个。
完善监管——涵盖跨境电商占比最大的B2B领域，跨境电商海关监管体系趋于完整。
便利通关——跨境B2B出口监管适用全国通关一体化：对跨境电商B2B出口货物可优先安排查验。

图 0 – 9　2020 年中国跨境电商重点政策

资料来源：前瞻产业研究院根据相关数据整理。

2010 年以来，我国跨境电商行业的交易规模几乎保持了 20% 以上的增速。2019 年，据中国电子商务研究中心的统计数据显示，我国跨境电商交易规模达 10.5 亿元，同比增长 16.7%。

根据中国企业的“出海”基本面以及国外对我国零售商品的依赖度，前瞻产业研究院初步估计未来我国跨境电商仍将保持 12% 的年均复合增速，到 2026 年交易规模达到 26 万亿元左右，具体如图 0 – 10 所示。

四、跨境电商发展历程

跨境出口电商脱胎于传统外贸，最早的跨境贸易基本是通过线下交易形式完成的。从互联网商业模式角度来看，跨境电商共经历了四个发展阶段，实现了从信息服务、在线交易、全产业链服务到政策推动的产业转型。

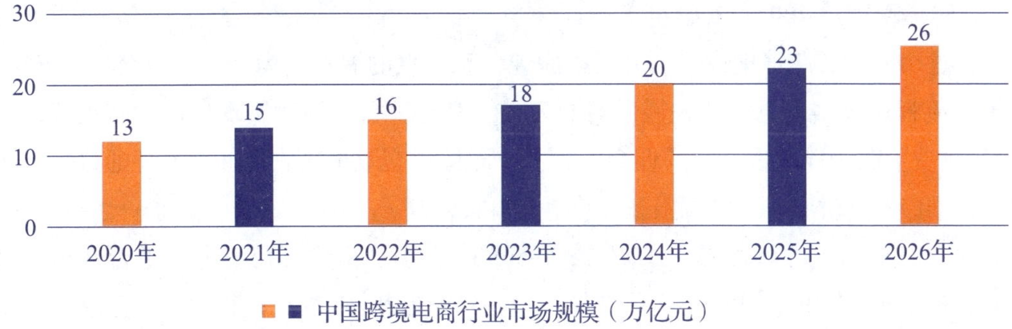

图 0－10　2020—2026 年中国跨境电商行业市场规模预测情况

资料来源：前瞻产业研究院根据相关数据整理。

（一）萌芽期（1999—2003 年）

这个时期主要的商业模式是网上展示、线下交易的外贸信息服务模式，跨境平台主要为企业信息以及产品提供网络展示平台，并不在网络上涉及任何交易环节。此时的盈利模式主要是通过向进行信息展示的企业收取会员费（如年服务费），而后在发展过程中，也逐渐衍生出竞价推广、咨询服务等为供应商提供一条龙的信息流增值服务。

在这个时期出现了阿里巴巴国际站、环球资源网、中国制造网、韩国 EC21 网、Kellysearch 等大量以供需信息交易为主的跨境电商平台。其中，1999 年阿里巴巴成立，拉开了中国跨境电商发展的序幕。最初，阿里巴巴国际站只是互联网上的黄页，将中国企业的产品信息向全球客户展示，定位于 B2B 大宗贸易。买方通过阿里巴巴平台了解卖方的产品信息，然后双方通过线下洽谈成交，所以大部分的交易是在线下完成的。阿里巴巴国际站界面如图 0－11 所示。

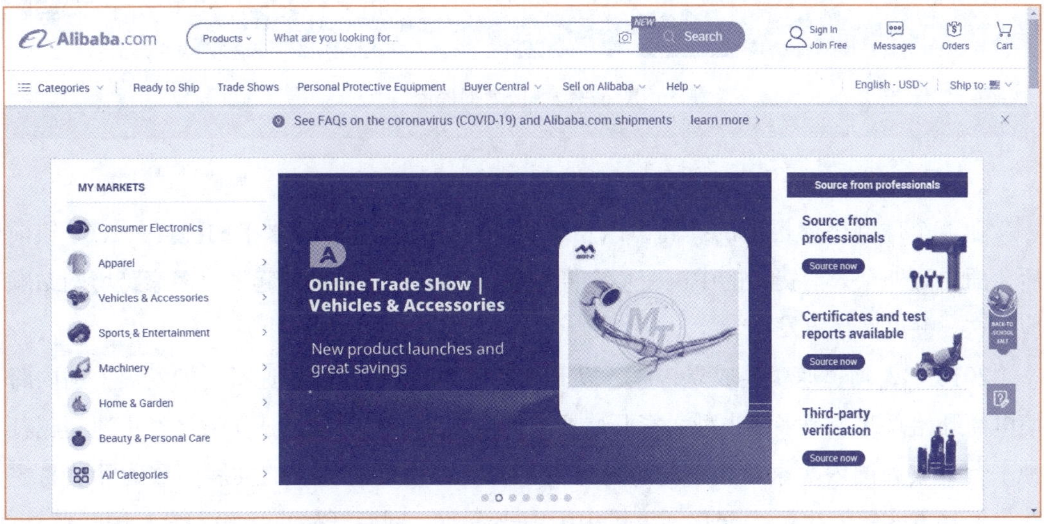

图 0－11　阿里巴巴国际站界面

（二）探索期（2004—2007 年）

在这个时期，跨境电商平台开始摆脱纯信息黄页的展示行为，将线下交易、支付、物流等流程逐步实现电子化，慢慢转变为在线交易平台；同时实现后向收费模式，将“会员收费”改为以收取“交易佣金”为主，即按成交效果来收取佣金，还通过平台上的营销推广、支付服务、物流服务等获得增值收益。

这个时期出现的敦煌网、DX（Dealextreme）、兰亭集势等跨境电商平台开始通过服务、资源整合有效打通上下游供应链，包括跨境 B2B 和 B2C 两种模式。区别于阿里巴巴中国供应商网上黄页的定位，2004 年成立的敦煌网侧重于买卖双方在线上完成交易。在敦煌网上发生的交易多数是小额 B2B 贸易。2006 年 DX 上线，定位于外贸 B2C 网站，以 3C 电子产品为主，销售电脑、手机、数码玩具 15 大类近 14 万种产品；2007 年，兰亭集势成立，兰亭集势是整合国内供应链，向国外销售的 B2C 平台。敦煌网界面如图 0－12 所示。

图 0－12　敦煌网界面

（三）发展期（2008—2013 年）

随着全球网民渗透率的提高，以及跨境支付、物流等服务水平的提高，2008 年前后，面向海外个人消费者的中国跨境电商零售出口业务蓬勃发展起来，多家跨境网站顺应了这一潮流而得以发展。

2010 年，阿里速卖通成立，业务以 B2C 和 C2C 为主。随着速卖通的发展，国内跨境电商开始兴起，很多中小型卖家开始加入跨境电商。几年间，速卖通已经迅速超越其他平台，成为国内卖家最集中的跨境电商平台。跨境电商零售的发展导致国际贸易主体、贸易方式等发生巨大变化，大量中国中小企业、网商开始直接深入参与国际贸易。阿里速卖通界面如图 0－13 所示。

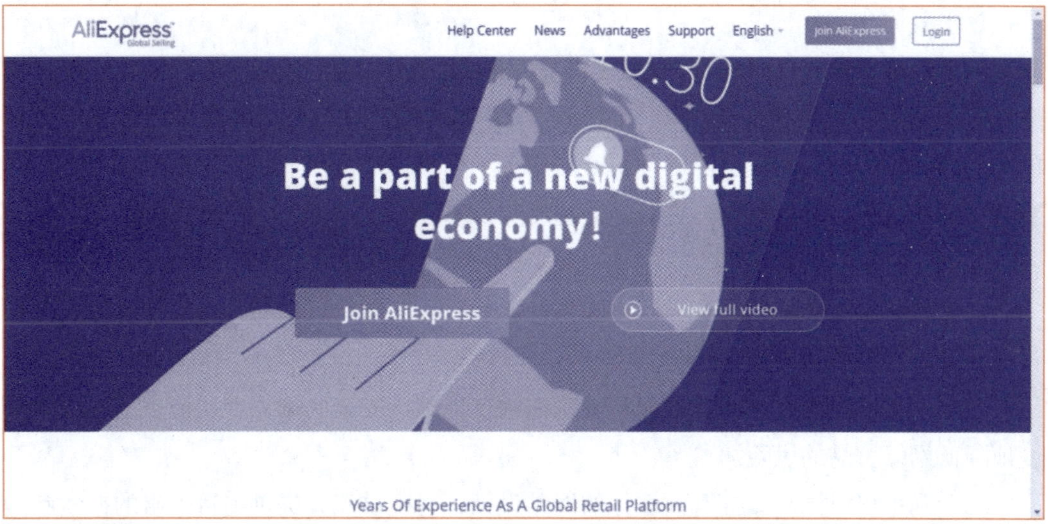

图 0－13　阿里速卖通界面

（四）爆发期（2014 年至今）

2014 年被称为跨境电商的元年，中国的跨境电商迎来了爆发期，拥有多个发展成熟的平台型跨境电商企业，如敦煌网、阿里巴巴国际站、全球速卖通等；各行各业对跨境电商领域的关注和投资热情被唤醒，国内外电商巨头、传统零售企业、非电商零售企业、外贸商及物流商等都切入了跨境电商行业。

在基础建设方面，中国的跨境电商经过几年的发展已经形成包括支付、物流、在线信用融资、第三方培训服务等一整套的产业生态链。同时随着国内跨境电商市场的不断扩大，卖家们也不断尝试新的平台、扩展新的渠道，从国内跨境电商平台到亚马逊、eBay 等国外电商平台，近年来又增加了 Wish 平台和 Lazada 平台，跨境电商行业蓬勃发展。渠道和平台不断增多，经营模式和创意也层出不穷，跨境电商已然成为当代的热门行业。

从 1999 年到 2017 年，中国出口跨境电商已经形成相对完整的产品链，在各个模式中都存在多家领先的平台级电商企业，共同支撑着中国跨境电商产业的发展。

五、跨境电商模式与平台

按照交易类型可以将跨境电商模式分为：B2B、B2C、C2C。目前主流的模式为 B2B、B2C，因为各大跨境电商平台现在都需要企业资质认证才可以注册，并且必须在跨境电商平台上进行售卖活动，所以 C2C 模式逐渐退出跨境电商市场。

（一）跨境 B2B 模式及主要平台

B2B（Business-to-Business），是指企业与企业之间通过网络进行数据信息的交换、传递，开展交易活动的商业模式。这种模式将企业的产品及服务，通过网站或移动客户端与客户紧密结合起来，借助网络的快速反应，为客户提供更好的服务，从而促进企业的业务发展。

跨境 B2B 的主要平台有阿里巴巴国际站。

1. 平台简介

阿里巴巴国际站于 1999 年正式上线，是阿里巴巴集团最早创立的业务，主要针对全球进出口贸易，是目前全球领先的跨境 B2B 电子商务平台，服务全世界数以千万计的采购商和供应商。阿里巴巴国际站专注服务于全球中小微企业，在这个平台上，买卖双方可以在线更高效、更快、更安心地达成交易。

2. 平台特色

（1）阿里巴巴国际站为交易双方提供社区频道，在这里可以与其他商友进行交流和沟通，分享网络贸易的成功经验。

（2）阿里巴巴国际站为付费会员提供细致、周到、安全的第三方认证服务，最大限度地降低网络贸易的风险。

（3）阿里巴巴国际站拥有人性化的网站设计，为交易双方提供类目丰富的搜索和浏览网页，简便的沟通工具、账号管理工具。

（4）阿里巴巴国际站作为全球知名的 B2B 电子商务网站，其用户遍布全球，为企业开拓海外市场创造了更多机会。

（二）跨境 B2C 模式及主要平台

B2C（Business-to-Customer），是指企业与消费者之间通过网络进行数据信息的交换、传递，开展交易活动的商业模式。也就是通常说的企业直接面向消费者销售产品和服务商业零售模式。

1. 亚马逊（Amazon）

（1）平台简介。

亚马逊公司是美国最大的一家网络电子商务公司，总部位于华盛顿州的西雅图，是网络上最早开始经营电子商务的公司之一。亚马逊成立于 1994 年，一开始只经营网络的书籍销售业务，现在则扩及了范围相当广的其他产品，已成为全球商品品种最多的网上零售商和全球第一大互联网企业。亚马逊平台界面如图 0－14 所示。

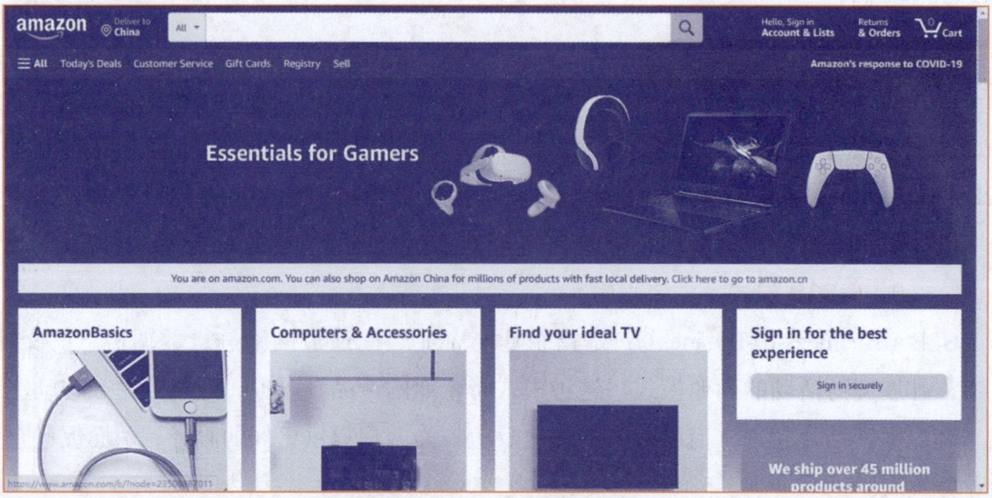

图 0－14　亚马逊平台界面

（2）平台特色。

1）全球化，促使各国更加频繁地交流，这将促进贸易的进行。

2）亚马逊的平台有自己的优势，如物流配送，客户的满意忠诚度高。

3）平台的注册用户多，并且具有高流量，能实现有针对性的推荐。

4）平台借助大数据、云计算，将产品的展示、推广、支付、物流等做得更有效率。

2. 易贝（eBay）

（1）平台简介。

eBay 成立于 1995 年，起初定位为为全球网民买卖物品提供线上拍卖服务。1999 年 eBay 开始在全球扩张，2002 年吞并了 PayPal，目前业务覆盖全球 190 多个国家和地区，拥有 1.71 亿买家、2 000 多万卖家、11 亿个商品列表。eBay 平台界面如图 0－15 所示。

图 0－15　eBay 平台界面

（2）平台特色。

1）入驻门槛比较低：相对亚马逊、速卖通等平台，eBay 的入驻门槛是比较低的，而且审核也没那么严格，个人和企业都可以申请入驻，是一个 B2C 与 C2C 相结合的平台。

2）销售模式多样：eBay 的销售模式除一口价、拍卖两种方式外，还有两者结合的模式，以及定价出口、无底价竞拍等，销售模式的选择是比较灵活的。

3）专业客服服务：eBay 提供专业的客服为卖家服务，卖家可以通过在线沟通或者电话沟通的方式与客服交流。

4）排名机制公平：eBay 的产品排名，不是说销量较高排名就会比较靠前，卖家可以通过拍卖的方式获取曝光。

3. 速卖通（AliExpress）

（1）平台简介。

速卖通正式上线于 2010 年 4 月，是阿里巴巴旗下唯一面向全球市场打造的在线交易平台，被广大卖家称为“国际版淘宝”。速卖通面向海外买家，通过支付宝国际账户进行担保交易，并使用国际快递发货，是全球第三大英文在线购物网站。

（2）平台特色。

1）准入门槛低。速卖通对于平台上的卖家没有什么严苛的形式或资质限制，公司不论大小，都可以轻松在速卖通开店。

2）交易流程简单，佣金抽成低。速卖通平台服务费用在同类平台里算是比较低的，而且成交后平台抽成也低，很大程度上减轻了平台商家的资金负担。

3）关税少。由于速卖通和亚马逊不同，主打物美价廉的商品，很多产品的单价还达不到国外海关关税的起征点，所以就无须缴纳关税。对于消费者来说，他们可以花更少的钱拿到心仪的商品，价格优势比较突出也直接促进了速卖通平台的交易量上涨。

4）商品种类丰富，用户基数大，发展空间广阔。速卖通以发展中国家为主，客户遍及 200 多个国家和地区。经过多年的发展，平台各方面配套齐全。

典型工作任务01

店铺设置与维护

想创科技 INTRON TECHNOLOGY　跨境电子商务企业工单

订单编号：LK00200101

<table>
<tr><td>工作任务</td><td colspan="8">店铺设置与维护</td></tr>
<tr><td>派单企业</td><td colspan="4">想创科技</td><td colspan="1">截止日期</td><td colspan="3"></td></tr>
<tr><td>接单人</td><td colspan="4"></td><td colspan="1">负责导师</td><td colspan="3"></td></tr>
<tr><td>工单描述</td><td colspan="8">本工单依据跨境电商企业的典型工作任务制定开发，主要面向跨境电商运营助理岗位，培养跨境电商运营人员的平台操作能力，助其提升专业技能，积累实操经验</td></tr>
<tr><td rowspan="5">企业目标</td><td colspan="8">OKR 即目标与关键成果，是一种企业管理方式，以过程性考核为核心，关键结果“可量化、可追踪”</td></tr>
<tr><td colspan="2">目标
（Objective）</td><td>O</td><td colspan="5">完成 1 家亚马逊店铺的开通及设置</td></tr>
<tr><td colspan="2" rowspan="3">关键成果
（Key Result）</td><td>KR1</td><td colspan="5">成功申请第三方全球收款账户</td></tr>
<tr><td>KR2</td><td colspan="5">完成亚马逊平台店铺注册及信息设置</td></tr>
<tr><td>KR3</td><td colspan="5">保证 3 个月内店铺的违规次数为 0 次</td></tr>
<tr><td>工作职责</td><td colspan="8">• 负责跨境电商平台店铺的操作和设置
• 维护账号安全，保证正常运营</td></tr>
<tr><td rowspan="2">工作内容</td><td>① →</td><td>准备材料</td><td>② →</td><td>注册店铺</td><td>③ →</td><td>店铺设置</td><td>④ →</td><td>安全维护</td></tr>
<tr><td>⑤</td><td></td><td>⑥</td><td></td><td>⑦</td><td></td><td>⑧</td><td></td></tr>
<tr><td colspan="2">工作难度</td><td colspan="7">☑ 简单　□ 一般　□ 偏难　□ 困难</td></tr>
<tr><td>完成确认</td><td>序号</td><td colspan="5">检查事项</td><td colspan="2">教师签名</td></tr>
<tr><td></td><td>1</td><td colspan="5">对本工作的任务要求是否明确</td><td colspan="2"></td></tr>
<tr><td></td><td>2</td><td colspan="5">是否准备妥当申请店铺开通及收款账号的材料</td><td colspan="2"></td></tr>
<tr><td></td><td>3</td><td colspan="5">是否已完成亚马逊店铺的开通</td><td colspan="2"></td></tr>
<tr><td></td><td>4</td><td colspan="5">是否已完成账号信息、物流信息等设置</td><td colspan="2"></td></tr>
<tr><td></td><td>5</td><td colspan="5">是否已完成店铺侵权风险判断</td><td colspan="2"></td></tr>
<tr><td></td><td>6</td><td colspan="5">是否已掌握常见店铺风险的防范策略</td><td colspan="2"></td></tr>
<tr><td></td><td>7</td><td colspan="5">是否达成本工单的企业目标要求</td><td colspan="2"></td></tr>
</table>

注意事项：

1. 请严格按照工单内容要求进行项目实践，不得随意更改工作流程。
2. 在完成工作内容后，请进行清单自检，完成请打√。

学生签字：

学习目标

知识目标

1. 了解跨境平台最新规则信息
2. 了解境外收款的几种方式及区别
3. 了解跨境物流几种运输方式的区别
4. 掌握主流跨境平台店铺的开通流程及条件
5. 掌握判断商标、图片及产品等是否侵权的方法

能力目标

1. 能够正确完成店铺开通及开通流程
2. 能够正确完成账号信息、物流信息等设置
3. 能够掌握常见店铺风险的防范策略

思政目标

1. 养成严谨细致的工作作风
2. 树立团队合作精神
3. 形成全局思考能力

任务书

针对店铺设置与维护工作梳理出了学生的学习流程，并制订了实践计划，同学们可依据该计划实施实践活动。流程图如图 1－1 所示，学习任务见表 1－1。

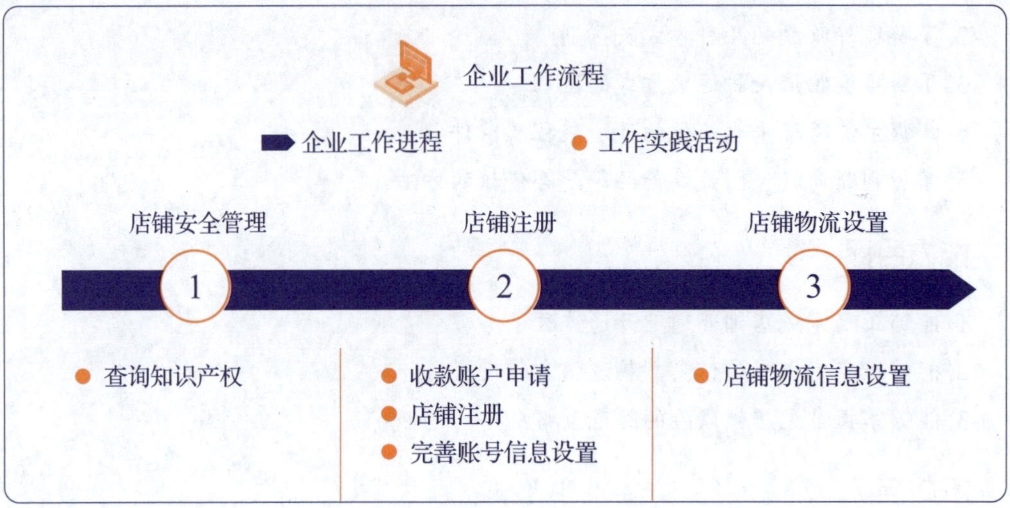

图 1－1 店铺设置与维护学习流程图

表 1－1 学习任务

序号	学习任务	学习任务简介	学习要点	实践活动
1	店铺安全管理	依据平台规则，学习商标、专利、产权等知识产权相关知识，培养店铺风险防范意识	（1）根据商标、专利、产权等知识产权相关知识，判断店铺侵权风险 （2）根据平台规则，维护店铺安全	查询知识产权
2	店铺注册	依据平台店铺开通规则，做好开店前的材料准备，并在开通店铺后，对基础信息进行设置	（1）根据相应平台的店铺开通规则，完成店铺的注册及开通 （2）根据平台规则、企业及产品信息，完善店铺信息	收款账号申请 店铺注册 完善账号信息设置
3	店铺物流设置	根据平台规则，进行物流设置，并且能为店铺选择合适的物流方式	（1）能够根据各平台物流规则，为店铺选择合适的物流方式 （2）能够根据平台规则，进行物流设置	店铺物流信息设置

任务分组

针对店铺设置与维护的工作任务，同学们可以按照具体情况进行任务分配，并将小组成员名单记录在表 1－2 中，以小组的形式完成工作任务。

表 1－2　工作任务分配表

<table>
<tr><td>班级</td><td></td><td>组号</td><td></td><td>指导老师</td><td></td></tr>
<tr><td>组长</td><td></td><td>学号</td><td colspan="3"></td></tr>
<tr><td rowspan="5">组员</td><td>姓名</td><td>学号</td><td>姓名</td><td colspan="2">学号</td></tr>
<tr><td></td><td></td><td></td><td colspan="2"></td></tr>
<tr><td></td><td></td><td></td><td colspan="2"></td></tr>
<tr><td></td><td></td><td></td><td colspan="2"></td></tr>
<tr><td></td><td></td><td></td><td colspan="2"></td></tr>
<tr><td colspan="6">任务分工</td></tr>
<tr><td colspan="6">在明确工作任务后，将小组成员分工明细填写在下方：</td></tr>
</table>

工作准备

1. 阅读任务书，理解学习计划中的学习要点及学习任务要求；
2. 查找三个以上跨境平台的店铺开通规则信息及要求；
3. 结合学习任务，查看课前学习视频、文章及资讯并记录疑点和问题。

任务一 店铺安全管理

内容提要

在实际运营过程中，卖家需根据平台规则进行店铺风险防范，防止发生违规操作和商标、专利、产权等知识产权的侵权行为，切实维护好店铺的安全，保证自身利益不受到损害。因此，开店前卖家需要提前了解店铺安全相关知识。

知识充电站

一、店铺风险防范

只要资质达标，开店并不是件难事，但如何长期稳定地经营才是跨境卖家关心的问题。主流跨境平台对卖家的审核非常严格，但凡涉及违规操作、产品质量、知识产权等问题，轻则下架产品，重则直接封账户、关店铺。卖家要想保证店铺的正常运营，就必须了解两点内容：一是店铺经营风险；二是账号关联。

（一）店铺经营风险

跨境电商店铺的经营风险主要有两种情况：一是违反销售政策，即卖家销售平台明令禁止的商品；二是绩效指标差，即订单缺陷率、订单取消率和延迟装运率等数据均未达到最低要求。

除以上两种情况外，还有最易被忽视的风险来自账号关联，这是中国卖家被封号的重灾区。

（二）账号关联

账号关联，即被系统识别到有两个或以上的卖家账号为同一卖家主体所有。

比如亚马逊平台规定，一个人或一家公司在未经许可的情况下，原则上只能拥有并经营一个卖家账号。基于这一原则，平台会通过技术手段和各种交易数据的检测比对，识别运营账号之间的关联性。如果账号被判定为关联，平台会根据实际情况给予一定的处罚甚至冻结账号。

1. 导致账号关联的因素

导致账号关联的因素主要有设备、浏览器指纹、账号信息、产品信息，具体内容见表 1 - 3。

表 1-3　账号关联因素

设备因素	电脑硬件、IP 地址、网卡……
浏览器指纹	Cookies、打字速度、操作系统版本……
账号信息	注册人姓名、地址信息、密码设置……
产品信息	过多相似的产品主图、描述信息……

如果因为运营的需要，卖家需要注册多个账号，可使用不同的邮箱、IP 地址、电话号码、收款账号等，并且不同账号间发布的产品信息不要重复，避免被平台检测到账号间的相似因素。

2. 导致账号关联的原因

（1）注册信息相同，包括个人基本信息、邮箱、电话等；

（2）网络环境相同，包括电脑 MAC 地址、路由 MAC、网络 IP 等；

（3）店铺产品相似度太高，发布过多相似的产品，且标题、描述、图片等有很高的相似度；

（4）运营手段相似。

温馨提示

一般情况下，账号关联没有任何邮件提示或后台警告，只能凭卖家自己判断。账号关联是不可逆的，一旦被判定为关联即无法扭转。

二、知识产权保护

知识产权是指权利人对其特定的智力劳动成果在一定期限内享有的专有权利。

欧美国家对知识产权的保护非常严格，如果卖家销售的产品涉嫌侵权，账号就会被审查或被移除销售权限。卖家在发布产品的过程中一定要慎重，避免因为侵权导致账号受限而影响运营计划。

要想避免侵权，就必须了解侵权行为有哪些以及如何防范。

（一）侵权行为

根据知识产权的分类，跨境电商卖家在运营中较常触及的侵权行为有三类：商标侵权、专利侵权和版权侵权。

1. 商标侵权

商标侵权是指行为人未经商标权人许可，在相同或类似商品上使用与其注册商标相同或近似的商标。

文字即商标名，如路易威登 LV、古驰 GUCCI、蒙牛等，在写商品 Listing 的时候一定不能出现已经被注册过的商标名。有一个很经典的案例：一款迷你煮蛋器 Egglettes

已经在美国和欧盟被注册成商标，但依旧有许多卖家为了蹭热度，把 Egglettes 当成产品名字放在 Listing 里，于是，一大批店铺被停运。

图形即某个品牌特有的图案，如每个品牌的 Logo、商标图形等。比如宝格丽 Burberry 的经典格子，包含这种元素的商品都算是侵权，如图 1－2 所示。

图 1－2　商标图形元素

2. 专利侵权

专利侵权一般包括发明专利、实用专利及外观设计专利三种，跨境电商所涉及的专利侵权一般来说都是外观设计专利。但由于外观设计专利过于专业，比较难以鉴别，这时候就要向供应商确认以及向有经验的同行请教。

3. 版权侵权

版权侵权一般包括著作权，未取得原作者授权的各种周边商品都属于侵权行为。比如未经授权的印有迪士尼人物形象的水杯、T 恤、抱枕，小黄人冰箱贴，小猪佩琪贴纸等。

（二）侵权防范

跟卖有商标的产品、在产品描述里使用他人品牌名和原创图片都属于侵权行为。那么在实际运营中，卖家该如何防范侵权行为的发生呢？具体措施如下：

（1）开发产品前，先通过商标及专利查询网站进行侵权判断。在综合网站（amz123.com）的商标专利模块就能跳转到各国的专利查询网站。

（2）保证供货渠道的正规性，在选品时要注意供应商是否存在侵权。

（3）刊登产品时，使用原创图片和文字。

对于跨境电商卖家来说，除了在运营中要避免发生侵权行为之外，也要尽可能地保护好自己的知识产权。具体的做法如下：

（1）保留自己拍摄的产品原图，遇到图片被盗用的情况，可以用原图向平台投诉；

（2）注册商标，能有效降低被跟卖的概率；

（3）如果是原创设计的产品，可以申请专利来确保自身权益。

在遇到被控侵犯知识产权的纠纷时，建议企业冷静分析案件情况，针对个案采取不同措施。如确属侵权的，企业则应主动删除、下架被控侵权产品链接，及时将 PayPal 账号提现，减少财产损失。与此同时，企业可以利用平台、通过搜索网站找到权利人网站、查找权利人的公司页面等，获取权利人的联系方式，主动沟通协商和解事宜，争取尽快达成和解方案，以早日解封账户、顺利开展后期的企业经营活动。

案例解析

亚马逊店铺注册

亚马逊
amazon.com

- 平台：亚马逊
- 事件：跨境开店
- 主题：账号风险

案例详情 阅读行业典型案例，带给你一点点灵感！

小优是一名即将毕业的大学生，想和同学合伙开一家亚马逊店铺。在这之前，小优已经非常清楚亚马逊的注册流程了，只要拥有一套完整的注册资料，就可以在平台上正式申请一家店铺。恰巧，与小优合伙的同学家里有一间皮革厂，合伙人拥有一套完整的注册资料。

小优怀着激动的心情，打开笔记本电脑，连上了学校的校园网，开始注册亚马逊店铺。店铺注册成功后，小优通过不懈努力，花了3个月的时间在亚马逊平台上赚到了自己的第一桶金。时光飞逝，又2个月过去了，突然有一天，小优收到了一封邮件。邮件提示小优的账号有安全风险，并暂时取消了小优的销售权限，需要小优给店铺进行二次审核之后，店铺才能继续使用，这是为什么呢？

通过上述描述，我们可以发现小优在注册的时候使用的是校园网，校园网属于公共网络，会导致店铺账号关联。账号关联的账号其中一个如果发生了问题，那么另外一个账号也会发生同样的问题，账号关联就是导致小优店铺需要二次审核的原因。

案例解析

国际户外大牌出手了，千万别掉进封店陷阱！

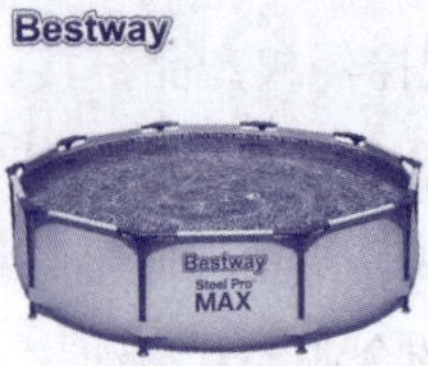

- 平台：亚马逊
- 产品类型：户外运动类
- 品牌：百适乐 Bestway

案例详情 阅读行业典型案例，带给你一点点灵感！

百适乐 Bestway 是全球知名运动休闲品牌，经营地上游泳池及便携移动式 SPA、娱乐休闲产品、运动休闲产品，以及户外野营产品等约 1 100 种独特产品。公司总部位于上海，目前产品销售横跨 6 大洲超过 110 个国家，用户遍布全球，且在充气类产品及户外休闲产品上占据全球 30% 以上的市场。

案件情况如下：

百适乐 Bestway 品牌权利人为 BESTWAY INFLATABLES & MATERIAL CORP.，案件于 2 月 14 日发起，案件编号：1:20-cv-01098。

侵权分析如下：

本次百适乐 Bestway 品牌的起诉理由为商标侵权。侵权商标名称为：BESTWAY。百适乐 Bestway 作为一个旗下拥有 1 000 多种产品的国际品牌，当然不止百适乐 Bestway 这一个商标。它拥有的商标很多，且不排除会在之后的案件中作为起诉理由；品牌的注册类别也非常广，主要有 6 类金属材料、8 类手工器械、12 类运输工具、18 类皮革皮具、19 类建筑材料、20 类家具、28 类健身器材等，具体可参考品牌官网：http://www.bestwaycorp.cn。

户外运动产品属于跨境平台侵权的高发品类，案发后 BESTWAY 品牌的冻结已经开始。本案起诉商标仅为 BESTWAY，但是涉及的产品品类比较多，所以即使不是做户外产品的卖家也要注意清查店铺，防止有漏。

工作实施

在成功开通店铺后，卖家需要进行店铺安全管理，保证店铺正常运营。

本阶段实践活动及成果要求如下：

实践活动 1：查询知识产权 活动情境：小鹿是一家跨境公司的员工，最近公司打算开通网上店铺。在店铺审核期间，公司给小鹿对接了许多供应商，在供应链方面已经有了起步资源，但小鹿为了避免出现侵权事件，现要对这些资源进行知识产权查询。 工具 / 环境：AMZ123 网站；有网络的电脑机房。 活动实施流程： 明确查询信息 → 进入查询网站 → 辨别产权信息	
阶段成果	独立完成知识产权查询

引导问题 1：会导致账号关联的原因有哪些？

____

____

____

____

引导问题 2：什么是知识产权？

____

____

____

____

引导问题 3：跨境电商卖家在运营中较常触及的侵权行为有哪几类？

____

____

____

____

引导问题4：侵权有时是无意行为，比如售卖的产品中含有别人的专利技术或版权、详情描述里因不注意而写了其他商家的品牌名等。为了避免出现侵权行为，卖家具体应该怎么做呢？

____

____

____

____

温馨提示

侵权行为防范建议

（1）开发产品前，先通过商标及专利查询网站进行侵权判断，在综合网站的商标专利模块就能跳转到各国的专利查询网站，如amz123.com；

（2）保证供货渠道的正规性，在选品时要注意供应商是否存在侵权；

（3）发布产品时，使用原创图片和文字。

课堂测验

店铺安全管理

1.【单选】在下列选项中，不属于账号风险来源的是（　　）。

A. 违反销售政策　　B. 绩效指标差

C. 账号无关联　　D. 商标侵权

2.【单选】下列做法中，不属于保护自身知识产权的是（　　）。

A. 遇到有人盗图，应立即向平台举报

B. 保留自己拍摄的产品原图

C. 注册商标、申请专利

D. 做好保密工作

3.【多选】跨境电商卖家在运营中较常触及的侵权行为有（　　）。

A. 商标侵权　　B. 专利侵权

C. 版权侵权　　D. 图片侵权

4.【多选】导致账号关联的原因可能有哪些？（　　）

A. 注册信息相同　　B. 网络环境相同

C. 店铺产品相似度太高　　D. 发货地址相同

5.【判断】在不具备拍摄产品图片的条件时，可以盗用其他卖家的原创图片。（　　）

6.【简答】某商家因为账号被判定为关联，而导致账号被冻结，那么，账号关联这一情况可能是什么因素导致的？

任务二 店铺注册

内容提要

店铺注册是卖家从事跨境贸易的起点。在多平台严格的审核下，中国卖家开店并非一件容易的事情，平台的准入门槛、租金、支持收款方式和物流等都需要卖家提前了解。

知识充电站

一、收款账号申请

对于跨境电商来说，在店铺开通运营前需要先解决收款账号的问题，以用于日后店铺运营中接受买家货款。收款账号分为银行账户和第三方支付平台提供的虚拟银行卡。

（1）银行账户，即卖家通过设立银行账户作为接收款项账号，如美国银行账户、中国香港银行账户。

（2）虚拟银行卡，即卖家通过设立第三方平台的虚拟银行卡作为接收款项账号，如pingpong（呼嘭）账号、Payoneer（派安盈）账号和 WorldFirst（万里汇）账号。

下面从开户方式、费率 / 汇损对比、功能性三个角度对比不同收款账号之间的差异。

（一）开户方式

美国银行账户和中国香港银行账户的开户方式相对复杂，审核严格，还需要支出一笔不菲的开户费用。虚拟银行卡的开户则较为简单便捷，只需要在官网找到注册通道进行线上申请即可，并且不用支付额外的开户费用。不同收款账号的开户方式，如图 1－3 所示。

（二）费率 / 汇损对比

费率即从收款账号中提现货款时，平台方收取的手续费比率。不同平台的提现手续费率不同，其高低影响着卖家最终到手的利润。汇损则是在平台方在对币种的转换中，由于汇率的差额造成的金额损失。下面列举几个账号的费率/汇损，如图1-4所示。

	美国银行账户	中国香港银行账户	pingpong	Payoneer	WorldFirst
开户方式	以美国公司资料在美国当地开立账户	以香港公司或内地个人身份账号到香港开立账户	官网申请	官网申请	官网申请
开户时长	≥一个月	≥一个月	1～2天	2～3天	5天左右
开户费用	1.5万～3万元人民币	几千元人民币不等	过程全免	过程全免	过程全免

图1-3　不同收款账号的开户方式

收款账号	美国银行账户	中国香港银行账户	pingpong	Payoneer	WorldFirst
手续费率	视具体银行而定	视具体银行而定	亚马逊款项仅1%	最高1.2%	0.3%
汇损	接受美国站款项时无汇损，其余站点约为3.5%	约为2.5%	无汇损	无汇损	约为1%

图1-4　不同收款账号的费率/汇损

（三）功能性

从运营角度来看，美国银行账号和中国香港银行账号功能较为单一，只能添加单一店铺收款。如果使用同一银行账号添加多个店铺，会导致店铺关联。采用虚拟银行账号的 pingpong、Payoneer、WorldFirst 账号都可以申请多个子账号，可用于绑定不同的店铺，不会产生店铺关联。

温馨提示

在亚马逊/速卖通/eBay/Lazada/Shopee 等跨境平台上，运营人员要完成店铺境外收款流程需要进行两步操作：（1）完成收款账号申请；（2）将收款账号同店铺绑定。

二、店铺注册

相比于境内电子商铺的开通，跨境电子商铺会有更高的准入门槛与条件限制，申请注册与审核的流程也更为严谨复杂。

（一）准入门槛

亚马逊、AliExpress、eBay、Lazada、Shopee 等跨境平台，在准入门槛的设置和注册材料的需求上有一定差别，但大体上是相同的。申请店铺的卖家需要的审核材料主要有以下几种：

（1）法人身份证：申请店铺首要联系人及受益人的身份证件。

（2）店铺材料：申请店铺所需材料包括店铺注册信息、未注册的手机或邮箱等。

（3）营业执照：正本或副本，具有统一社会信用代码，且法人身份证信息须保持执照信息与注册平台信息一致。

（4）收款账号：作为店铺运营中接收买家货款所需的收款账号，如银行账户、第三方支付平台提供的虚拟银行卡。

此外，不同平台在具体的审核材料上还会有不同的要求，具体如下：

（1）在营业执照的需求上，亚马逊和 Shopee 允许用个体工商户执照在个别地区站点开通个人卖家店铺，而 Lazada、速卖通则只接受企业营业执照，不接受个体工商户。

（2）Lazada 需要提供具有电商销售经验的证明，根据不同站点需要提供内贸或外贸平台的证明链接。

（二）注册流程

不同平台的店铺注册流程大体上都差不多，具体如图 1－5 所示。

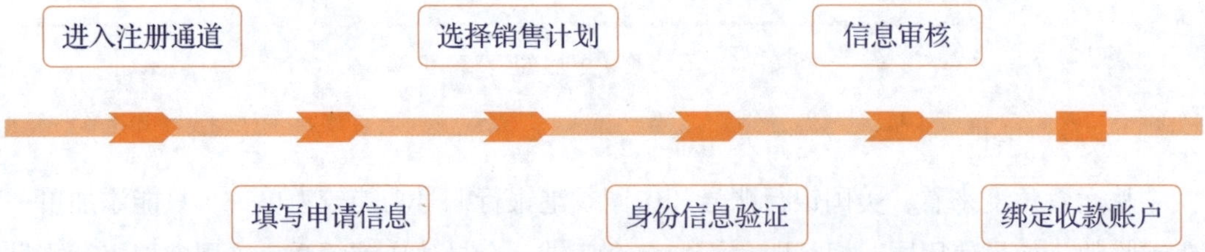

图 1－5　店铺注册操作流程

温馨提示

各平台间的注册流程有差异，不同站点在申请条件和注册流程上也有一定的差异，具体操作要看开通平台及站点的要求。为方便内容讲解，下面以亚马逊平台为例。

1. 进入注册通道

打开亚马逊官网，点击页面顶部搜索栏的“全球开店”，即可进入开店申请界面，如图 1－6 所示。在整个注册过程中，除了特殊要求之外，所有信息都应使用拼音或英文填写，并且整个注册过程不可逆，填写时应仔细谨慎。

图 1-6 亚马逊开店申请界面

2. 填写申请信息

（1）填写公司或个人名称（以拼音形式填写公司名称），勾选同意，接受协议，如图 1-7 所示。

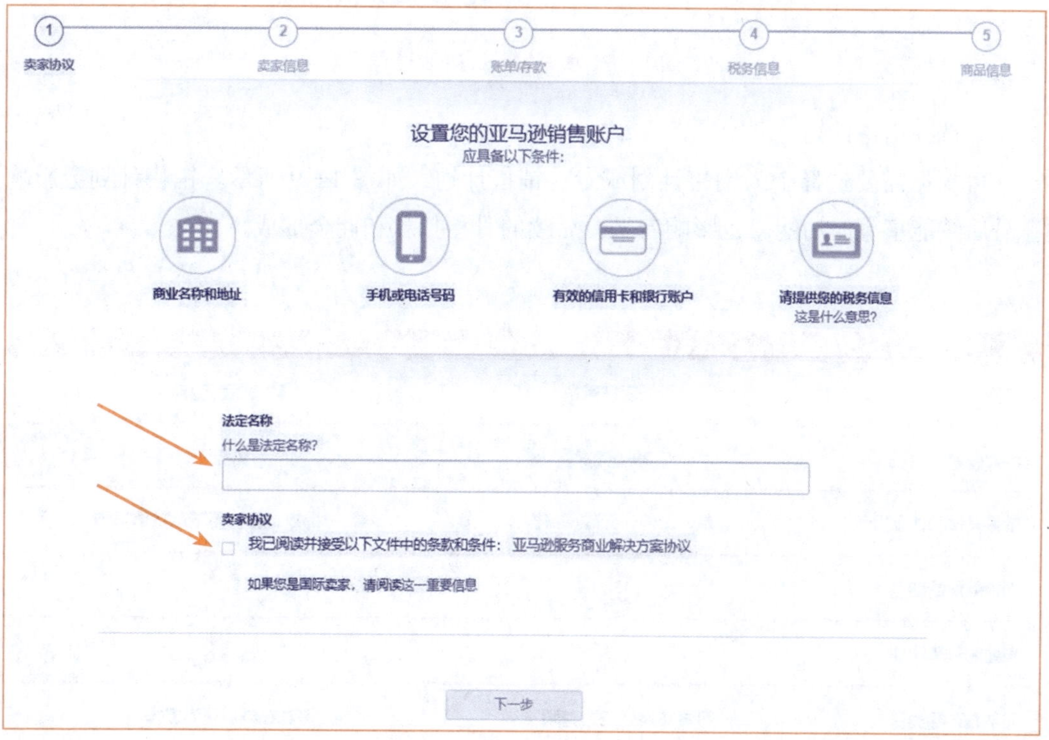

图 1-7 填写法定名称

（2）填写地址（以中文形式填写地址）、电话号码，并验证，如图 1-8 所示。

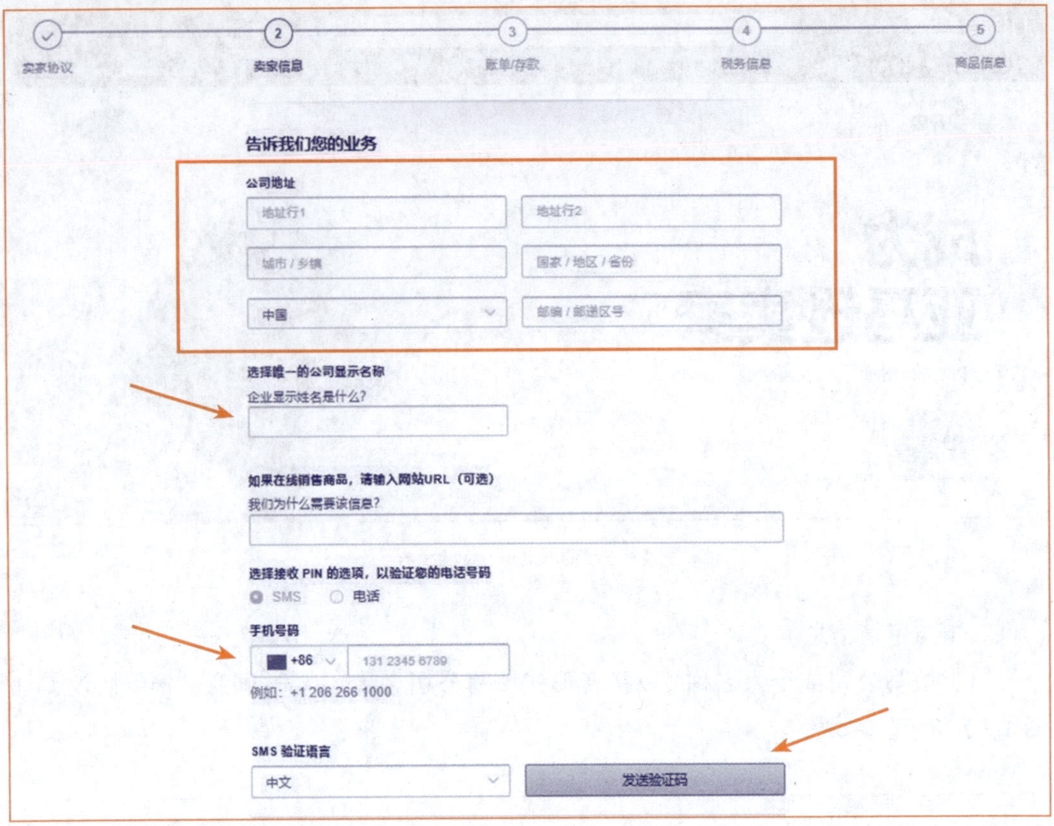

图 1－8　填写地址、电话号码

3. 选择销售计划

可根据需要选择个人销售计划或专业销售计划，如图 1－9 所示。销售计划会影响账号后续能享有的功能，也影响着平台后续的月租扣款和佣金抽成。

	个人销售计划 Individual	专业销售计划 Professional
月租金	无须店铺租金	39.99美元/月
按件收费	0.99美元/件	免费
批量操作和数据报告	单一上传，无数据报告	单一/批量上传，可下载数据报告
创建促销活动	✗	✓
黄金购物车功能	✗	✓
可发布产品类目	可发布类目较为有限	可发布类目更为多样

图 1－9　销售计划示例

4. 身份信息验证

（1）填写外币交易的信用卡账号及信息，如图 1－10 所示。

图 1－10　信用卡信息填写

（2）填写接收付款的银行账户信息有多种选择，可以对照实际情况和需求填写。若用亚马逊全球收款，可用人民币接收全球付款并直接存入国内银行账号；若用美国 / 香港的有效银行账户，可用美元 / 港币接收亚马逊付款；还可用亚马逊接受的第三方收款账户，如 Payoneer、pingpong 等。

5. 信息审核

提交审核后，亚马逊平台一般会在两个工作日内邮寄审核结果。如果看到红色信息更正页面，请检查注册邮箱里告知没有通过审核原因的邮件，并按照要求修改后重新提交，总共有三次机会可以重新提交。

邮件审核通过后，注册人员成功登录卖家平台，还会被亚马逊要求提供纳税身份信息，进行税务审核，如图 1－11 和图 1－12 所示。如果不进行税务审核，买家将看不到卖家发布的任何商品。

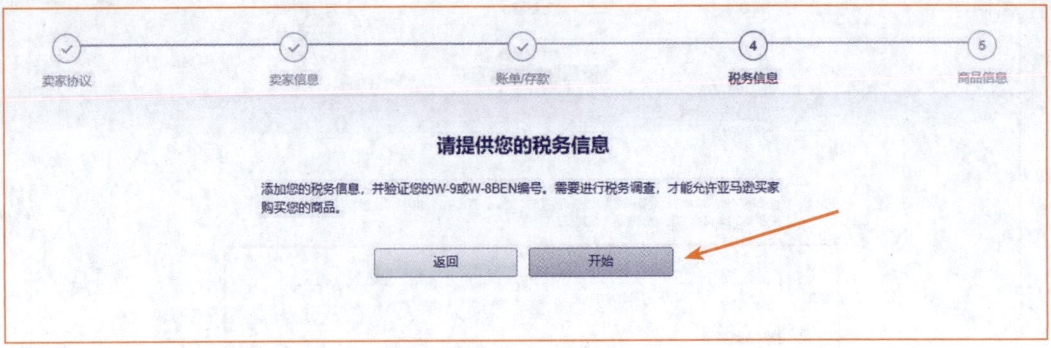

图 1-11　税务审核界面

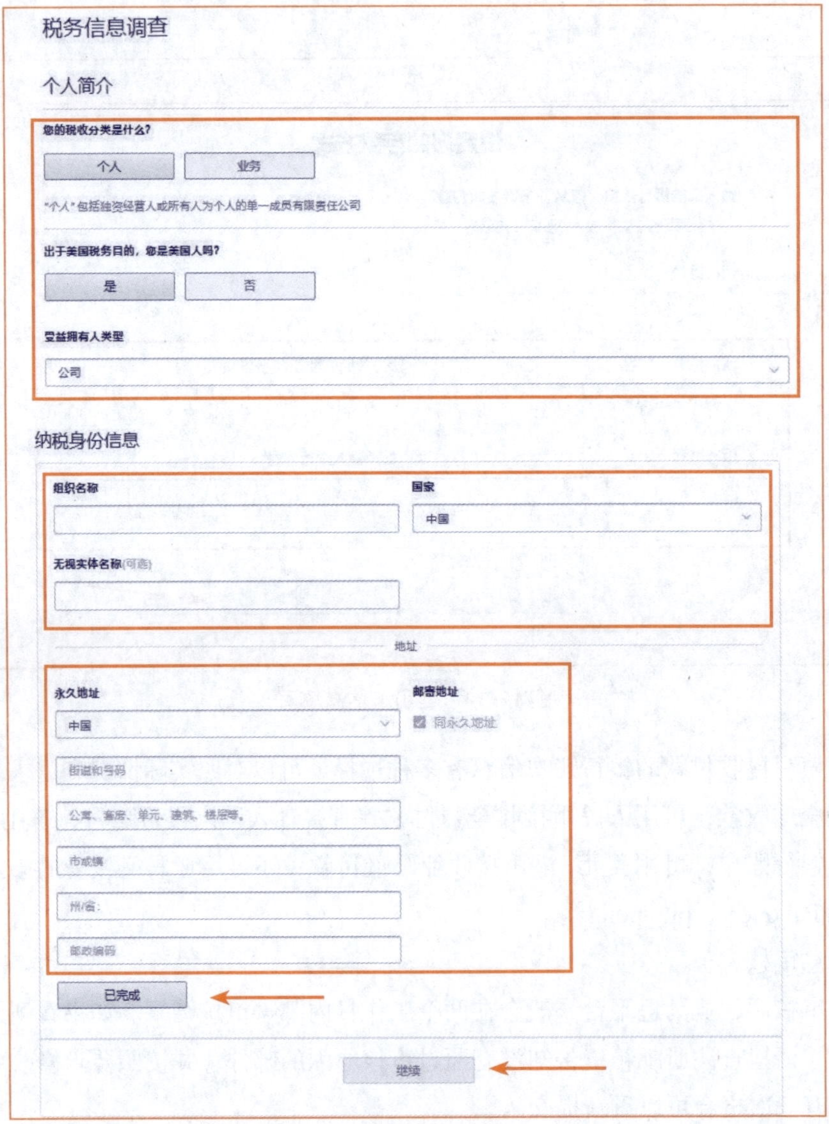

图 1-12　税务信息调查

填写完成后，勾选同意，最后签名提交即完成税务信息提交，如图 1-13 所示。

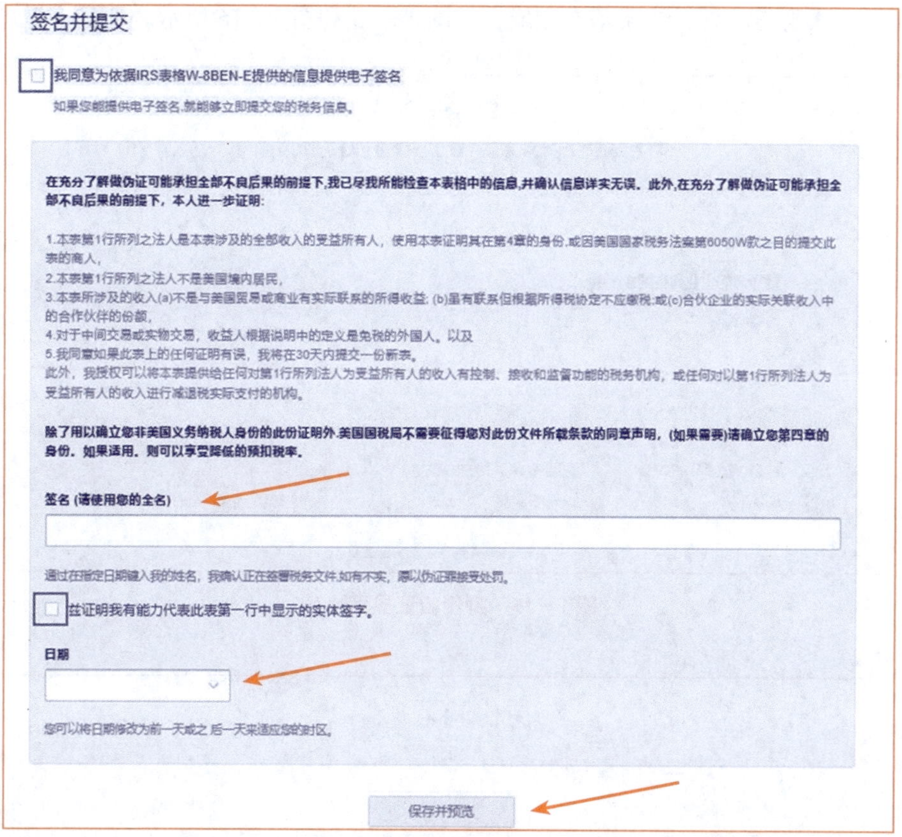

图 1-13　税务信息提交

6. 完成注册

完成以上步骤后，接下来是亚马逊的一些小调查，如图 1-14 所示，不想填的话，可以直接“跳过”。

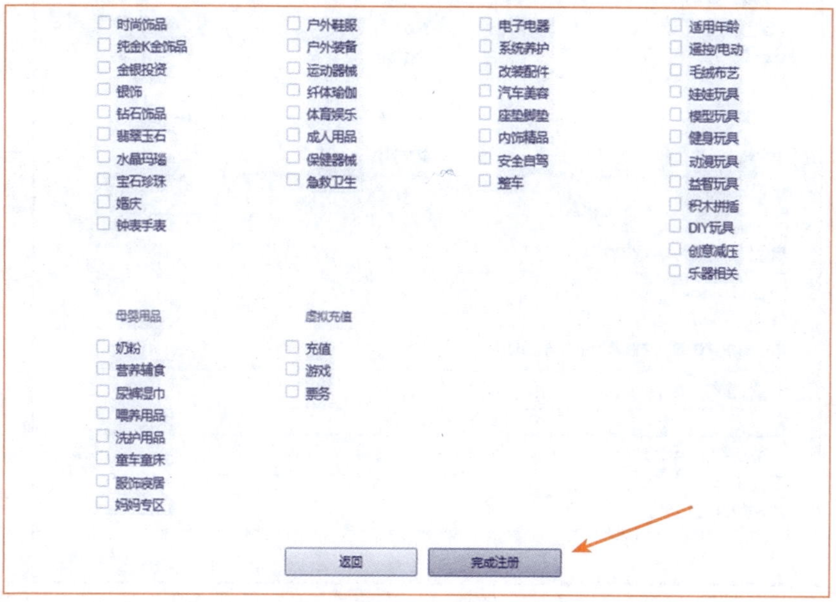

图 1-14　商品信息调查

再做一次身份验证，注册基本完成，如图 1－15 和图 1－16 所示。

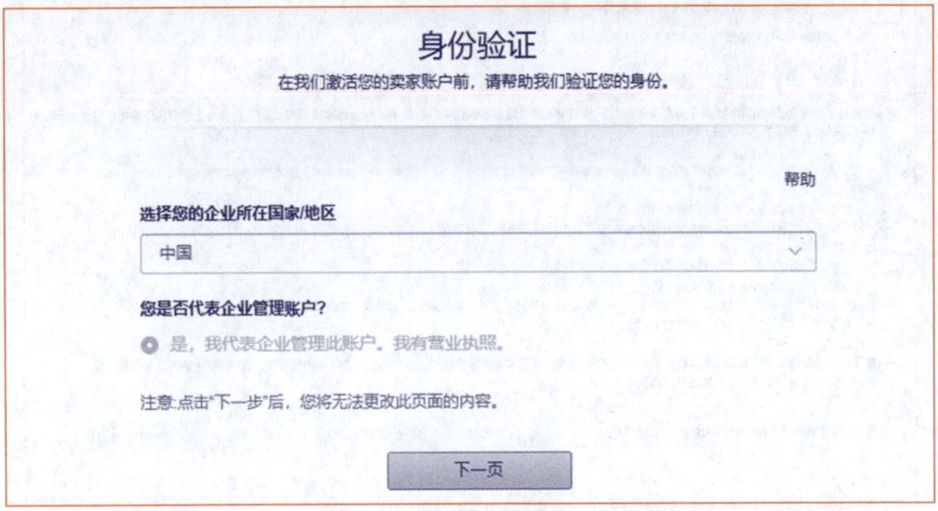

图 1－15　身份验证界面（1）

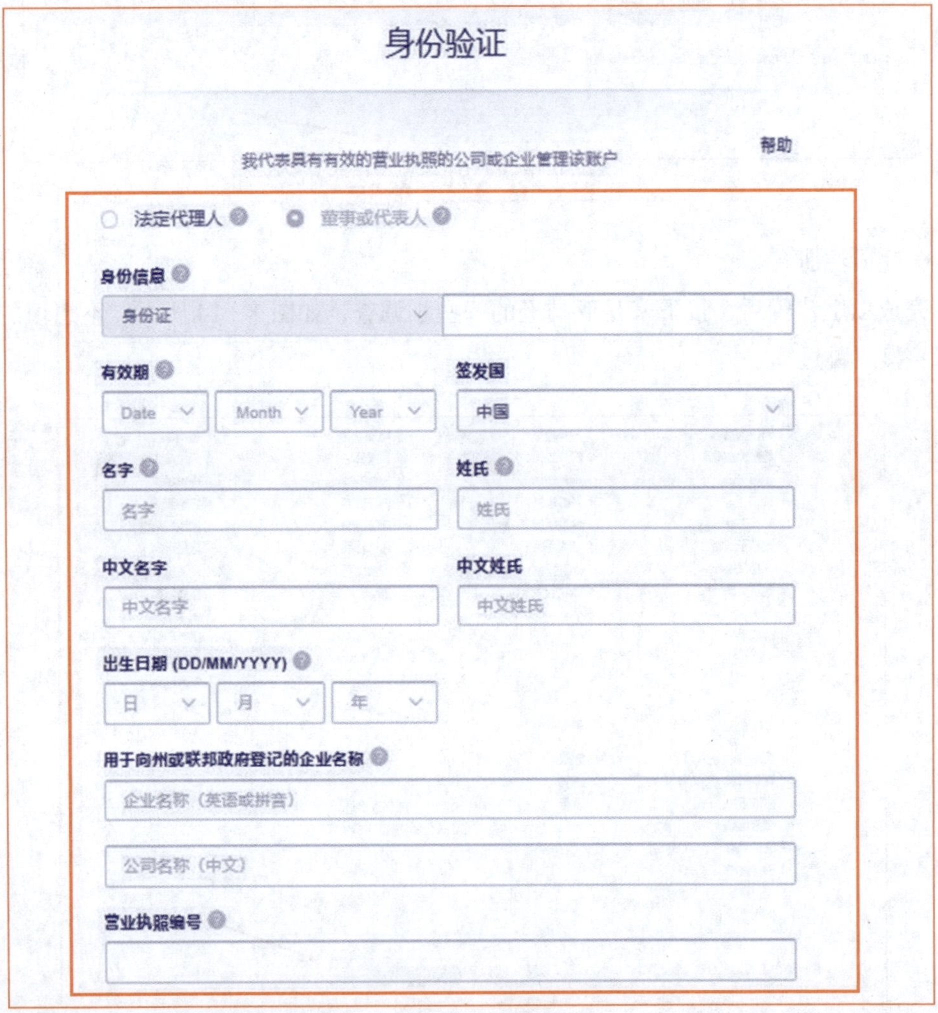

图 1－16　身份验证界面（2）

eBay、速卖通平台注册流程

三、账号信息设置

账号信息设置因平台功能及政策不同而存在些许差异，但整体来说，设置内容都是相似的，无论卖家在哪个跨境平台经营都必须进行信息完善。

（一）主流跨境平台信息设置

在主流跨境平台上，需要重点完善卖家信息、假期模式和收 / 付款账号的设置。

（1）卖家信息：店铺名称、客服邮箱和电话、公司地址等；

（2）假期模式：用于暂停店铺销售，可设置所有商品在售 / 不可售状态；

（3）收 / 付款账号：添加或修改用来接收 / 扣除款项的海外银行账号。

（二）部分平台的信息设置

在部分平台（亚马逊 /AliExpress 等）根据需要可设置系统偏好、子账号以及卖家政策等内容。

（1）系统偏好：根据自己的需要设置不同类型通知邮件的系统邮箱，避免因为没有及时收到邮件而造成处理和回复的延误。

（2）子账号：卖家添加多个子账号并分别设置不同的操作权限，用来进行团队操作。

（3）卖家政策：设置公司信息、Logo、隐私政策、常见问题、发货描述等内容。

（三）亚马逊平台的账号信息设置

平台页面右上角“设置”按键可以对账号进行各项设置，如图 1－17 所示；“卖家账户信息”里可以对账号的各项信息进行修改，如图 1－18 所示。

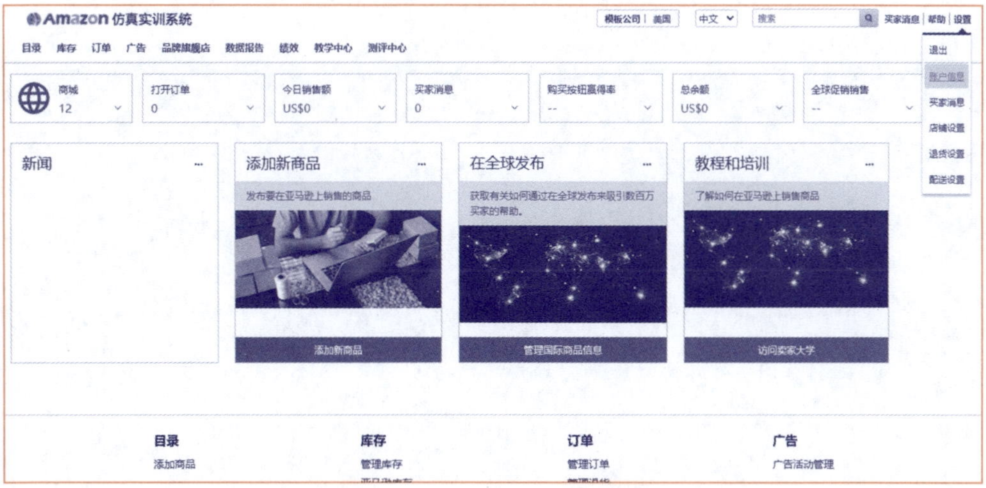

图 1－17　店铺账户信息设置

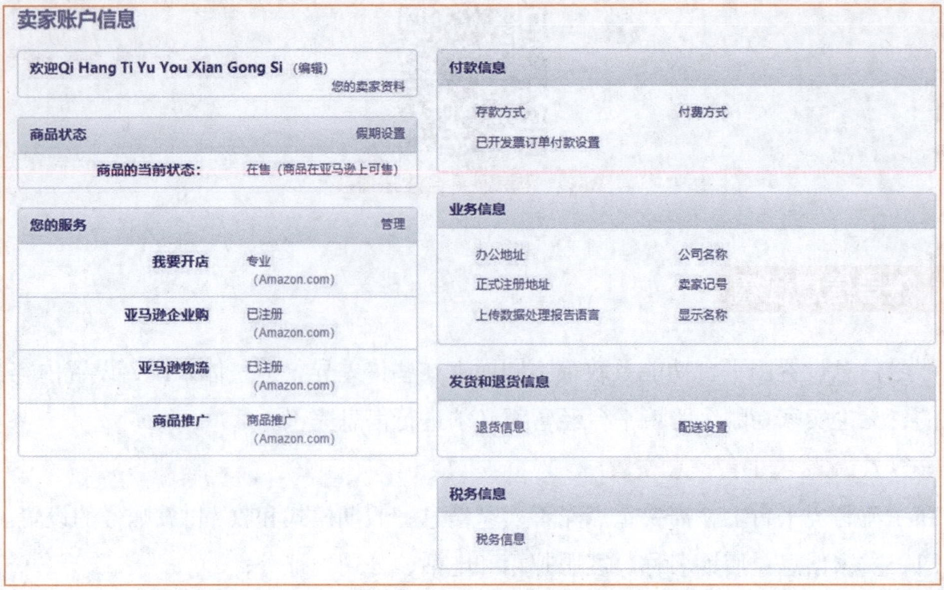

图 1－18 账户信息修改界面

工作实施

跨境开店是卖家经营跨境业务的首要工作。要开通店铺，就需根据各平台的开通规则进行材料准备，为后续的店铺运营做好准备。

本阶段实践活动及成果要求如下：

<table>
<tr><td colspan="2">实践活动 2：申请亚马逊支持的境外收款账户

活动情境：小鹿是一家跨境公司的员工，最近公司打算拓展新业务，并将新业务交由小鹿负责。由于不能使用原来的收款账户（账户关联风险），小鹿需要去申请新的收款账户。
工具 / 环境：跨境 B2C 实训平台；有网络的电脑机房。

活动实施流程：

进入申请流程 → 填写信息 → 验证审核</td></tr>
<tr><td colspan="2">实践活动 3：注册亚马逊店铺

活动情境：做好了开店前的材料准备，小鹿现在要走申请流程，开设一家新店铺。
工具 / 环境：跨境 B2C 实训平台；有网络的电脑机房。

活动实施流程：

申请通道 → 填写信息 → 选择计划 → 验证审核 → 绑定账户</td></tr>
<tr><td colspan="2">实践活动 4：完善店铺的账号信息设置

活动情境：大约经过了十天的时间，店铺一审终于通过了，为了让店铺尽快投入运营，小鹿现在需要去完善店铺的信息。
工具 / 环境：跨境 B2C 实训平台；有网络的电脑机房。

活动实施流程：

进入店铺后台 → 设置账号信息</td></tr>
<tr><td>阶段成果</td><td>成功申请亚马逊支持的境外收款账户
成功开通亚马逊平台店铺</td></tr>
</table>

引导问题 5：在跨境平台上，中国卖家接受款项的收款账号通常有哪几种类型？不同账号之间又有什么差异？

____

____

____

引导问题 6：入驻亚马逊 /AliExpress/eBay/Lazada/Shopee 等平台需要提交什么审核材料？分别有哪些特殊要求？

____

____

____

____

温馨提示

跨境平台入驻特殊要求

（1）在营业执照的需求上，亚马逊和 Shopee 允许用个体工商户执照在个别地区站点开通个人卖家店铺，而 Lazada、速卖通则只接受企业营业执照，不接受个体工商户。

（2）Lazada 需要提供具有电商销售经验的证明，根据不同站点需要提供内贸或外贸平台的证明链接。

引导问题 7：简要描述亚马逊（北美站）的开店注册流程。

____

____

____

____

课堂测验

店铺注册

1.【单选】下列选项中，不属于专业卖家销售计划所享受功能的是（　　）。

A. 创建促销计划　　B. 批量上传

C. 多店铺关联　　D. 下载订单数据报表

2.【单选】一般情况下，下列收款账号类型中费率和汇损最低的是（　　）。

A. 美国银行账户　　B. 中国香港银行账户

C. Payoneer 账号　　D. pingpong 账号

3.【单选】下列说法中错误的是（　　）。

A. 在亚马逊店铺注册过程中，步骤是不可逆的，每一步都要认真填写

B. 在 Lazada 平台，企业及个体工商户均可申请开店

C. 若希望在亚马逊深入发展并且对自己的月销售额有信心，最好选择专业卖家计划

D. 若有同时运营多个店铺的需求，可以用虚拟银行卡账号申请多个子账号用于分别绑定

4.【判断】由于亚马逊审核较为严格，资质不达标的卖家是不能开通店铺的，为了绕开审核，卖家可以从特殊渠道购买账号直接用于经营。（　　）

5.【简答】某商家预备在亚马逊注册店铺，它应该经过哪些步骤？

6.【简答】对于申请店铺的卖家，要求准备哪些审核材料？

任务三 店铺物流设置

内容提要

物流是跨境贸易的一个非常重要的环节，物流设置也是店铺正式运营前必须完善的模块。根据平台规则进行物流设置，并且为店铺选择合适的物流方式，是一位合格的跨境卖家必须掌握的技能。

知识充电站

一、物流设置

物流设置主要包括退货地址设置和发货及运费设置。

（一）退货地址设置

用于客户直接退货的地址信息，通常是站点当地合作的第三方海外仓地址（亚马逊 FBA 卖家填写站点仓址）。如果是自发货卖家，就填写国内货物接收地址。亚马逊退货地址设置如图 1－19 所示。

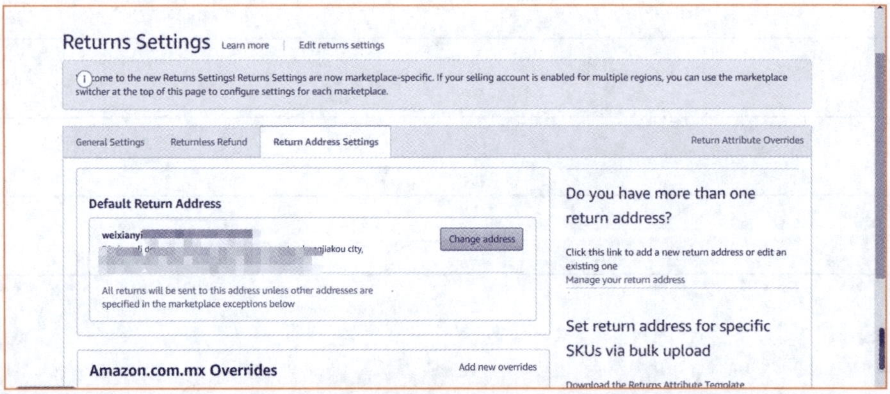

图 1－19 亚马逊退货地址设置

（二）发货及运费设置

卖家可以设置发货地、发货运费模板等内容，可以根据发货范围和不同的收件地区、不同阶段的订货数量等设置不同的费率标准。亚马逊运费模板设置如图 1－20 所示。

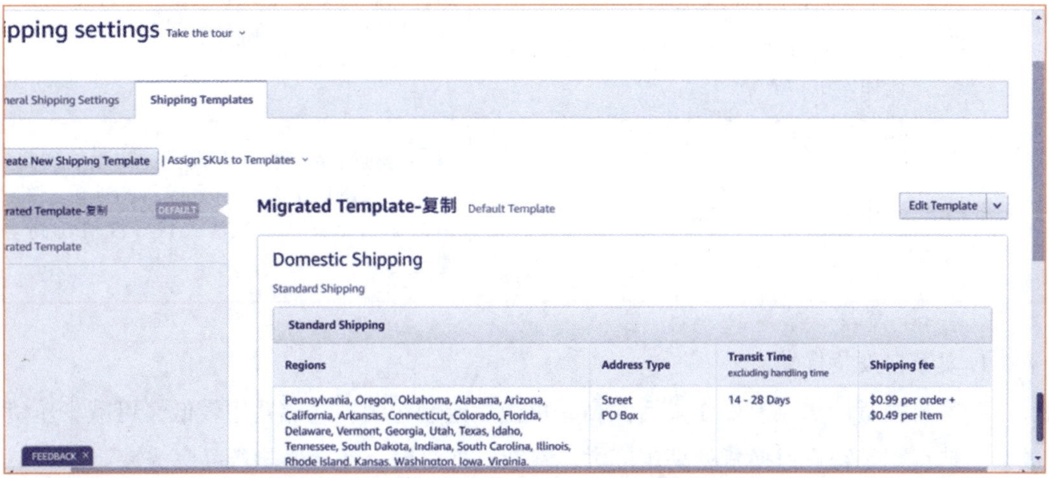

图 1－20　亚马逊运费模板设置

二、物流选择

在如今的跨境市场上国际物流有多种解决方案，且各自的优劣势也很明显。若按照卖家可选择的物流方式划分，可将所有物流方案分为自发货、海外仓和平台物流三类。

（一）自发货

自发货就是指卖家在收到买家订单之后，直接从国内供应商或仓库发货给国外买家，即由卖家自己负责仓储、分拣、包装、派送和客户服务等一系列活动。

自发货有三个途径：邮政小包、商业快递和专线物流，如表 1－4 所示。

表 1－4　自发货物流途径

自发货途径	类型	特点
邮政小包	国际 E 邮宝	由各国的邮政系统作为支撑，其特点是覆盖面广、价格优惠，但时效低、丢包率高，是目前跨境 B2C 贸易主流的运输方式

续表

自发货途径	类型	特点
商业快递	DHL（敦豪航空货运公司）、UPS（美国联合包裹运送服务公司）、FedEx（联邦快递）、TNT（荷兰邮政速递公司）等	国际商业快递，运送快（3～7天）、时效高，但价格昂贵，适合高客单价产品或大件运输
专线物流	中东、中俄等专线	货代通过航空包舱的方式将货物运输到目的地国家，再由合作商完成目的地国家的国内派送，其特点是清关快、性价比高、速度适中

1. 卖家自发货优缺点

卖家自发货的优点有操作灵活性高，可使用定制包装；仓储费用较低，可减少压货成本。缺点则是客户退换货处理难度大，在亚马逊平台上还会影响产品曝光率。

2. 卖家自发货处理流程

自发货处理流程如图 1－21 所示。

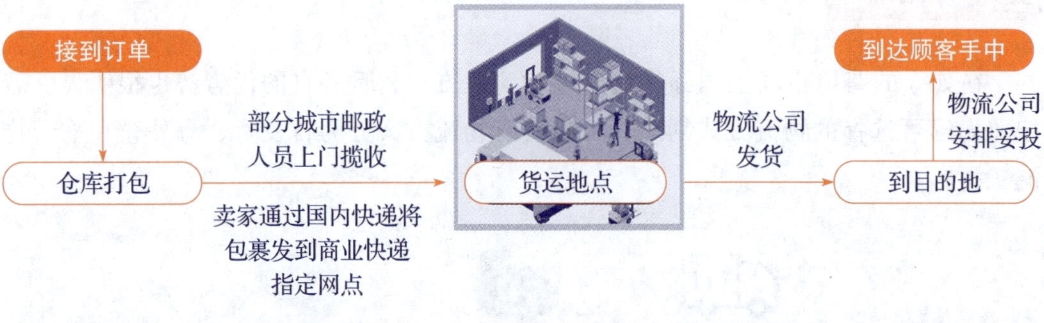

图 1－21　自发货处理流程

3. 自发货的费用

自发货需要承担卖家通过物流派送到买家手中的物流费用，另外还需要负担一定的平台佣金。例：亚马逊平台收取 15%（预估费用）佣金；eBay 平台收取 10%（预估费用）佣金；速卖通平台收取 8%（预估费用）佣金。

4. 自发货的设置

第一步，通过平台页面右上角的“设置”可找到“配送设置”，如图 1－22 所示。

第二步，“配送设置”下可以设置关于自发货的所有内容，如图 1－23 所示。

第三步，通过创建新的配送模板可以自定义自发货的物流模板，如图 1－24 所示，再编辑配送设置，如图 1－25 所示。

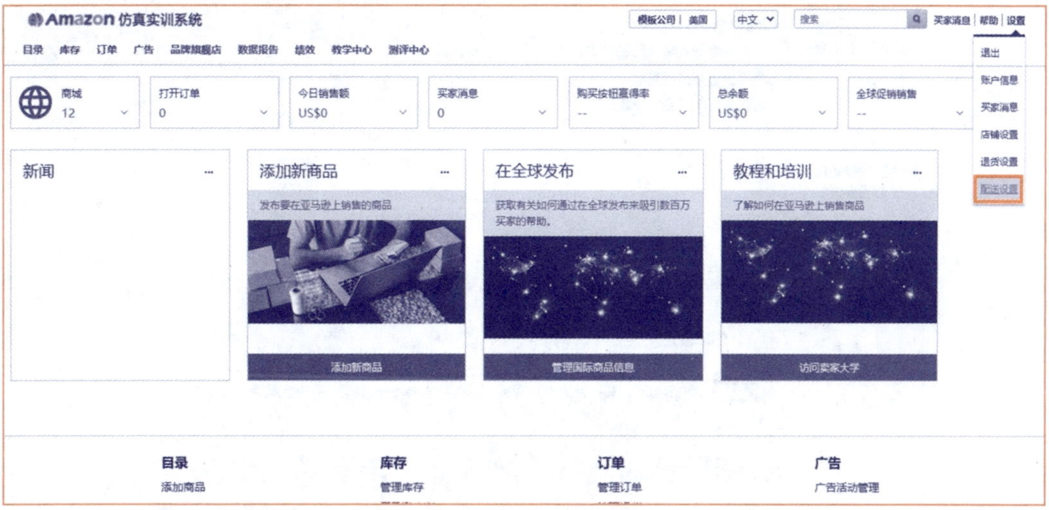

图 1－22　亚马逊账号首页

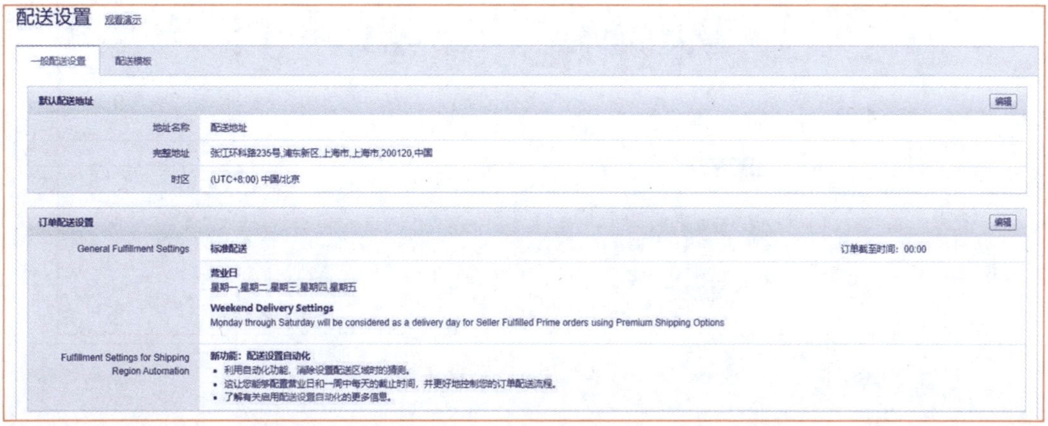

图 1－23　配送设置页面

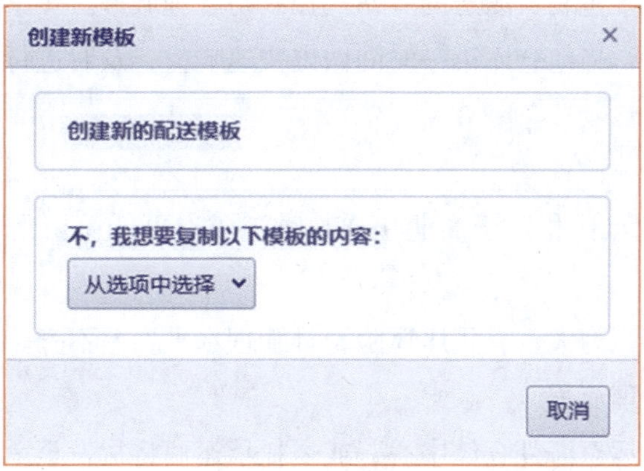

图 1－24　创建配送模板

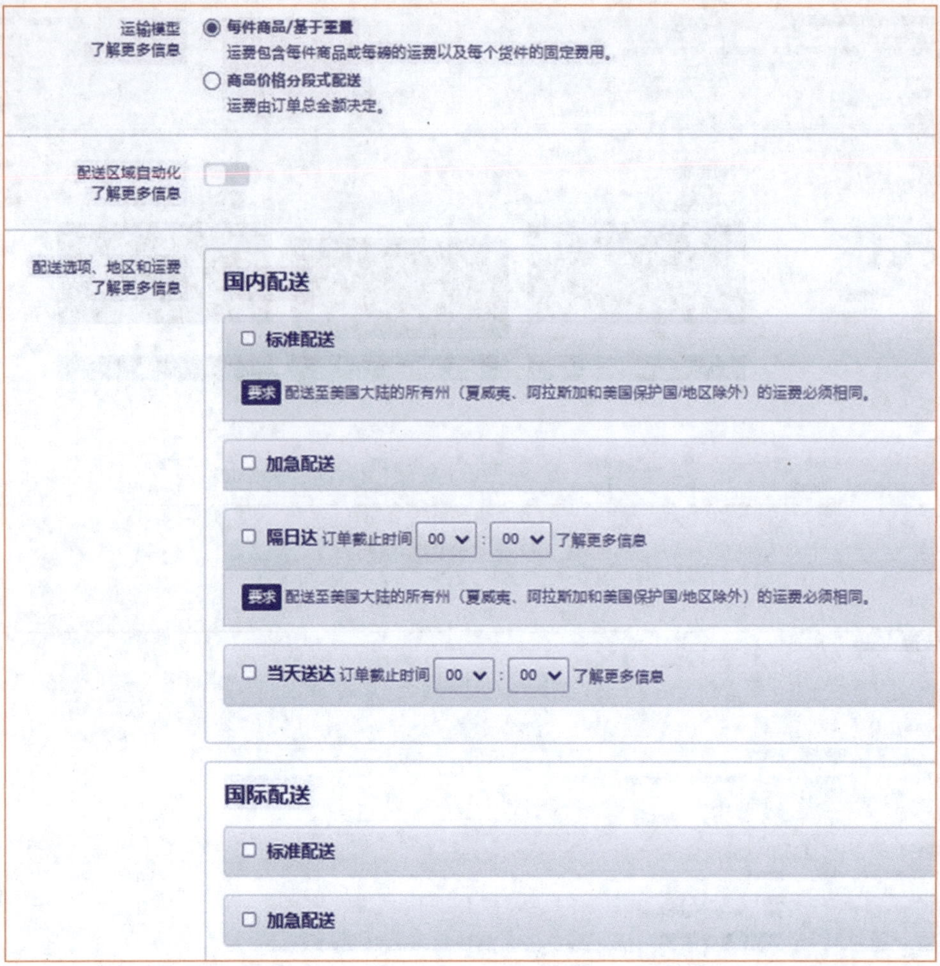

图 1－25　配送设置

（二）海外仓

海外仓即第三方海外仓储服务，由物流服务商独立或共同为卖家在销售目标地提供的货品仓储、分拣、包装、派送的一站式控制与管理服务。卖家将货物储存到当地仓库，当卖家有需求时，当地仓库第一时间做出快速响应，及时进行货物的分拣、包装以及配送。

1. 海外仓优缺点

海外仓发货的优点：相比于商业快递，物流成本更低；相比于邮政小包，时效更高，客户体验更佳。

其缺点则是库存压力大，有积压风险，且管理水平参差不齐。

2. 海外仓发货处理流程

卖家自行将商品运至海外仓储中心，或委托承运商将货发至承运商海外的仓库，通过在线远程管理海外仓储。卖家使用海外仓公司的物流信息系统，远程操作海外仓储的货物，并且保持实时更新。仓储中心严格按照卖家指令对货物进行存储、分拣、包装、配送等操作。

海外仓发货处理流程，如图 1－26 所示。

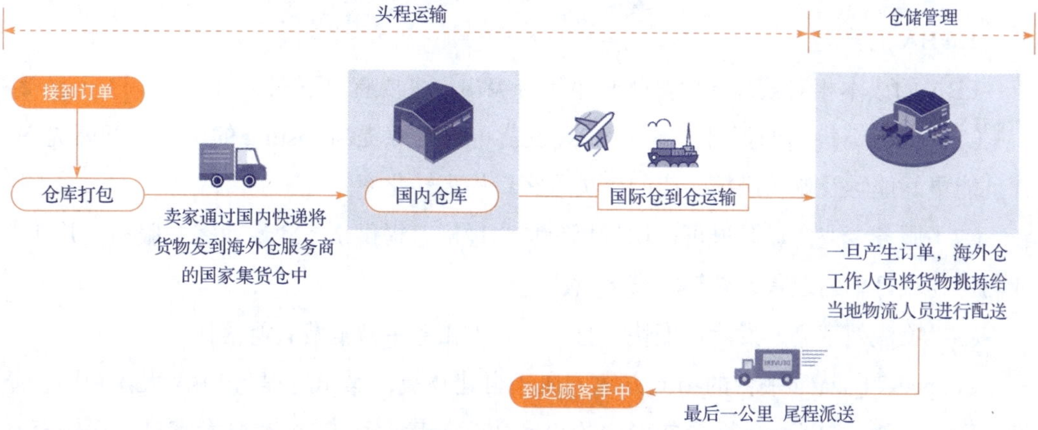

图 1－26 海外仓发货处理流程

（三）平台物流

跨境电商平台为了提升物流效率和服务质量，获取市场竞争优势，先后推出了契合自家平台的物流解决方案，其中具有代表性的是亚马逊的 FBA、AliExpress 的无忧物流和 Shopee 的 SLS、Lazada 的 LGS。

（1）FBA（Fulfillment by Amazon）是亚马逊平台官方提供的代发货业务，具体包括仓储、拣货、包装、配送、收款、客服及退货处理等一条龙物流服务。亚马逊将自身平台开放给第三方卖家，将其库存纳入亚马逊全球的物流网络，亚马逊则收取服务费用。

（2）无忧物流是 B2B 物流信息平台，为出口商提供海运、空运运价查询服务和供应商关系管理，为货代以及航运和空运公司提供发布运价服务和客户关系管理。

（3）SLS（Shopee Logistics Service）是 Shopee 的自建物流，利用空运和陆运提升运输灵活性及时效性，极大降低物流成本，配送价格低于市场价约 30%，实现最快 3 天送达东南亚市场。

（4）LGS（Lazada Global Shipping）是 Lazada 所有中国大陆地区卖家的唯一物流服务商，提供订单运输与派送服务。

亚马逊是中国卖家数量最多的跨境电商平台，因此下面将亚马逊的物流作为重点内容进行讲解。FBA 流程如图 1－27 所示。

图 1－27 FBA 流程

卖家需提前备货至亚马逊仓库，客户下订单之后，亚马逊仓库再直接发货给客户。

1. FBA 的优势

FBA 的成本相对较高，但其优势也十分突出，主要有以下三点：

（1）促进销售额的提升。选择 FBA 发货可以有效提高 Listing 的浏览量和曝光率，并且能更好地触及亚马逊精品店的会员顾客，提高转化率。

（2）服务专业。亚马逊可以用目标市场当地语言提供 7×24 专业客户服务，并处理亚马逊物流订单的退货，减轻卖家运营压力。

（3）物流效率高，发货速度快，且作为官方服务更被消费者所信任。

Shopee、Lazada 平台的物流方案同属于自建物流，操作过程与 FBA 大体相同，差别在于 Lazada 和 Shopee 平台在国内均设有集运仓库，而 FBA 需要卖家自行运输至其运营中心。

AliExpress 无忧物流属于物流整合方案，平台与优质物流商合作，根据目的国、品类、重量等因素，智能匹配最佳物流方案。

2. FBA 的费用

（1）FBA 总费用 = 配送费 + 仓储费。

配送费指将指定货物运输到指定地点所收取的费用，这里指从亚马逊仓库到买家这一段的费用。

仓储费指仓储行业业主为关联需求客户提供仓储劳务而收取的费用。仓储费 = 月仓储费（每个月收取的仓储费用）+ 长期仓储费（针对放在仓库超过半年或者一年的货物收取的仓储费）。

（2）合仓费。

合仓费，即库存配置服务费，是指将不同仓库的货物合并到一起所收取的费用。卖家发货到亚马逊仓库，亚马逊默认是分仓。

例 卖家如果要发货 100 个水杯去亚马逊仓库，亚马逊默认是 2～3 个仓库。假设系统分配了三个地址，卖家就需要发去三个地址，这样就会增加头程费用（从卖家仓库到亚马逊仓库），所以卖家可以选择合仓，亚马逊系统就只给卖家 1 个仓库地址。这样就节省卖家的头程费用，但是合仓需要收费。

现在有些账号在卖家创建 FBA 计划的时候，后台显示的是一个仓库地址，也就是合仓的状态，即货到了亚马逊仓库，亚马逊再分仓，对卖家来说，可能就是上架的时间会稍微慢一点。

（3）多渠道配送费。

多渠道配送费即卖家从亚马逊仓库自行给其他平台上的购买者配送相应的产品的

费用。

例 小优公司同时在亚马逊平台和速卖通平台都有店铺。假设速卖通上有个买家买了一个水杯，而这个水杯刚好在亚马逊仓库也有货的话，卖家就可以从亚马逊仓库给速卖通的买家配送一个水杯。

（4）库存处理费。

库存处理费涉及两种情况：销毁或寄还卖家。销毁就是直接不要；寄还卖家是指卖家提供地址，亚马逊把货直接寄到卖家指定的地址。

一般以下两种情况需要支付库存处理费：

第一种，有次品，即不可再售的产品，那么卖家可以申请销毁或者移到当地国某个地址。

第二种，整个账户或者整条 Listing 的销售权被亚马逊移除，亚马逊仓里面还有库存，那么也需要做库存处理。

（5）退货处理费。

退货处理费等于某个指定的商品的总配送费用。

对于在亚马逊上出售且属于亚马逊为其提供免费退货配送的分类的买家退货商品，亚马逊将收取亚马逊物流退货处理费，这些分类包括服饰、钟表、珠宝、首饰、鞋靴、手提包、太阳镜和箱包。

3. FBA 标签

FBA 标签分为产品标签和箱子标签，具体如图 1－28 和图 1－29 所示。

图 1－28　FBA 产品标签

图 1－29　FBA 箱子标签

4. FBA 货件计划

亚马逊 FBA 发货模式相对于自配送模式来说，优势有很多，比如流量倾斜、更快的配送速度以及省心省力的退换货管理，而且还免除了 A-to-Z（保障索赔）的烦恼。以下详细讲解一下创建 FBA 发货计划的流程，主要有四个操作步骤。

（1）将 Listing 转换成亚马逊配送模式。

对于第一次发 FBA 的产品，需要先把 Listing 转换成 FBA 配送模式。在后台库存管理界面，勾选要发活动的 SKU，然后点击搜索框的下拉选项，选择“转换为亚马逊配送”即可，如图 2－30 所示。

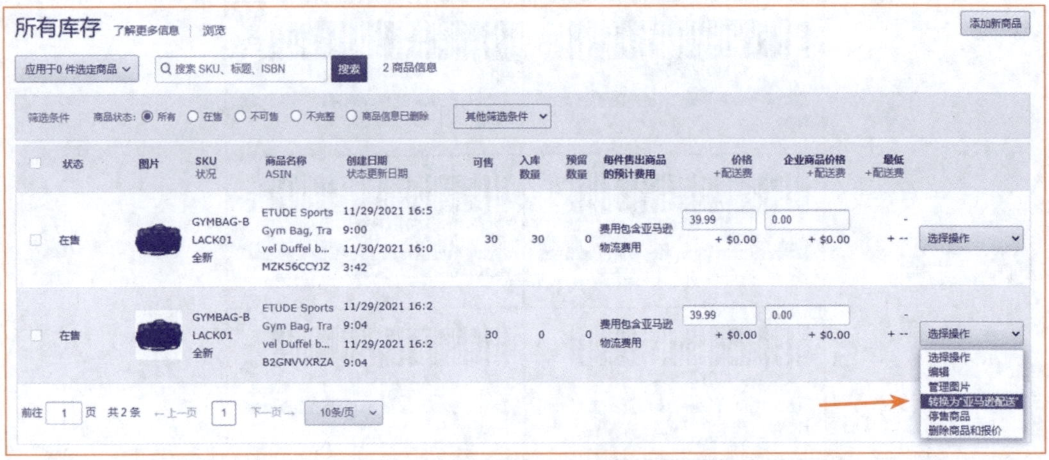

图 1－30　亚马逊配送模式

（2）输入发货信息。

选好要发货的 FBA 产品后，会跳转到如图 1－31 所示页面，选择目标站点，核对产品，输入需要发货的数量、箱子尺寸等信息。

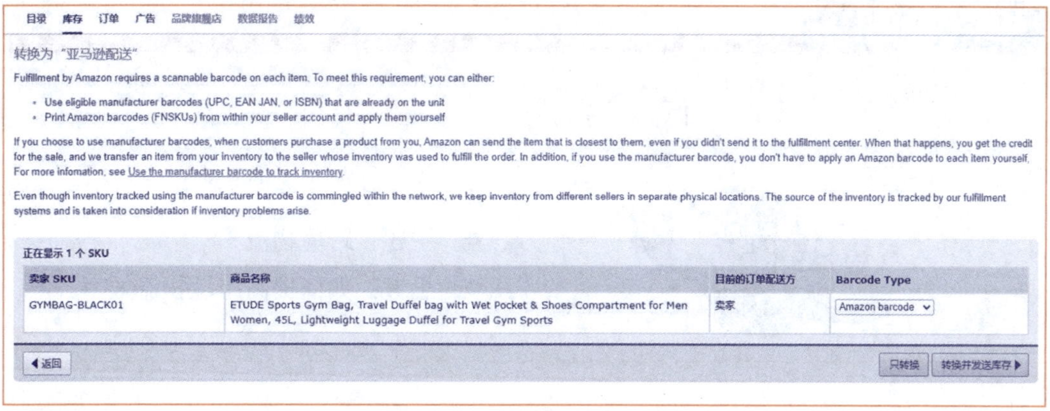

图 1－31　填写发货信息

（3）核对物流费用。

选择运输承运人后，即可核对物流费用。亚马逊运输承运人分为合作承运人和非亚马逊合作承运人。合作承运人：亚马逊官方合作物流商为 UPS；非亚马逊合作承运人：除 UPS 外均不是亚马逊合作承运人，如图 1－32 所示。

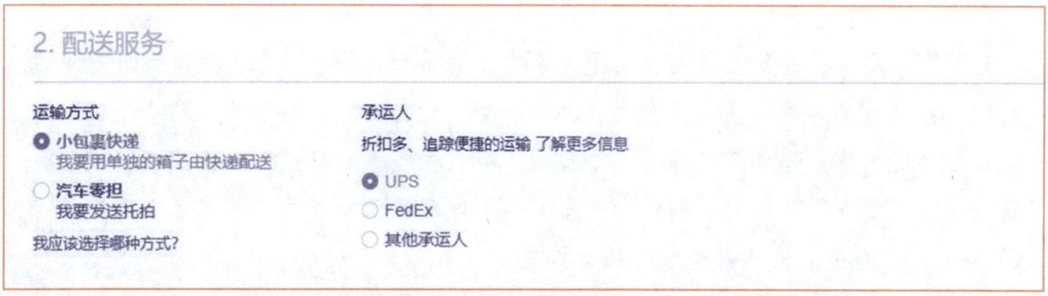

图 1－32　选择运输承运人

（4）选择标签尺寸。

确认发货后选择需要打印的标签尺寸，如图 1－33 所示。

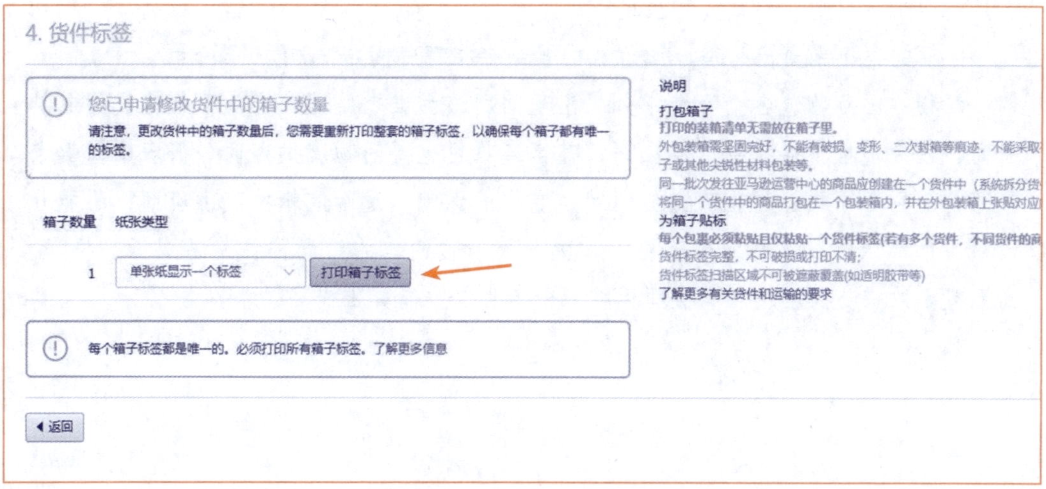

图 1－33　选择标签尺寸

案例解析

降低跨境物流效率的“推手”

- 主题：跨境物流
- 思考：如何提高跨境物流效率

案例详情 阅读行业典型案例，带给你一点点灵感！

中国跨境电商发展迅猛，有目共睹的成绩更是吸引了无数的关注。从微信推出的“微信指数”中可以看出，跨境电商的发展趋势正旺且势头愈发强劲。然而作为跨境电商必不可少的跨境物流的关注趋势与跨境电商却相差甚远。

业内存在不少这样的案例：一位卖家向某跨境物流公司的经理反映，寄到欧洲的小包半个多月都没有显示妥投信息。该经理表示货物已经到达目的地，派送后产生问题不在该公司责任范围，但是出于客户关系帮忙排查了下，结果发现客户填的收件信息只到某幢大楼而没有具体到门牌号。无独有偶，在一次分享会上，某跨境物流公司负责人还分享过这样一个案例：有位深圳做电子产品的卖家有一天联系他，说有一批寄往欧洲的货物被扣。排查后才发现该卖家寄的电子产品全部没有带CE安全认证标志，欧洲那边自然不会接受。

“国内电商转型的卖家，相对而言不了解国际贸易的一些规则，对国际物流行业更是知之甚少。很多卖家连基本的跨境物流寄件流程都不清楚，物流意识只停留在国内‘四通一达’的认知水准。”该负责人表示。另外，传统外贸转型的跨境电商卖家，虽然对传统外贸知识及国际物流有一定的了解，但缺乏跨境电商相关的常识，不懂平台规则，导致货物被退等。

上面的案例暴露出跨境电商行业内普遍存在哪些问题?

解析：国际物流各个环节中如果出现问题该由谁来处理？产品不合格找物流供应商、收件地址不详找物流供应商，甚至连收税也要问物流供应商。很多电商卖家就像行业巨婴一样，而物流供应商就是它们的保姆。过于依赖物流供应商，不能分清服务的界限往往只会多走弯路。诸如此类看似简单的错误往往是造成低妥投率、高丢包率的重要因素，只有梳理标准、分清责任才能真正提高效率。

工作实施

在成功开通店铺且完成店铺信息设置后，卖家还需要完善物流设置，保证店铺信息完整；根据平台规则，为店铺选择合适的物流方式。

本阶段实践活动及成果要求如下：

实践活动 5：完善店铺物流信息设置	
活动情境：大约经过了十天的时间，店铺一审终于通过了。为了让店铺尽快投入运营，小鹿现在需要去完善店铺的物流信息。 工具 / 环境：跨境 B2C 实训平台；有网络的电脑机房。 **活动实施流程：** 进入店铺后台 → 设置物流信息	
阶段成果	完成跨境店铺物流设置

引导问题 8：根据自发货处理流程（见图 1 - 21），回答问题。

（1）自发货是直接从________或________发货给国外顾客。

（2）自发货可供选择的发货途径有哪几种？如果优先考虑价格的话，应该选择哪种发货途径？

____

____

____

____

____

（3）该物流方式对卖家来说，有哪些优劣势？将结果填入表 1 - 5。

表 1 - 5　优劣势分析结果表

优势	劣势

温馨提示

自发货物流途径

（1）邮政小包：由各国的邮政系统作为支撑，其特点是覆盖面广、价格优惠，但时效低、丢包率高，是目前跨境 B2C 贸易主流的运输方式。

（2）商业快递：运送快（3～7 天）、时效高，但价格昂贵，适合高客单价产品或大件运输，商业快递公司有 DHL、UPS、FedEx、TNT 等。

（3）专线物流：货代通过航空包舱的方式将货物运输到目的地国家，再由合作商完成目的地国家的国内派送，其特点是清关快、性价比高、速度适中。

引导问题 9：________即第三方海外仓储服务，由物流服务商独立或共同为卖家在销售目标地提供的货品仓储、分拣、包装、派送的一站式控制与管理服务。

引导问题 10：FBA 是什么？

____

____

____

____

引导问题 11：用流程图的形式描述 FBA 的操作流程。

温馨提示

亚马逊物流运作流程

（1）卖家发送商品至亚马逊运营中心；

（2）亚马逊存储并管理卖家的商品；

（3）顾客订购卖家的商品；

（4）亚马逊对商品进行拣货包装并提供快捷配送；

（5）亚马逊用当地语言提供客户服务及退换货服务。

课堂测验

店铺物流设置

1.【单选】以下选项中，不属于商业快递的是（　　）。

A. DH　　B. UPS

C. 国际E邮宝　　D. TNT

2.【单选】自发货的缺点是（　　）。

A. 客户退换货处理难度大　　B. 操作灵活性低

C. 无法定制包装　　D. 仓储费用较高

3.【多选】FBA的优势非常突出，比如（　　）。

A. 成本相对较低　　B. 能够促进销售额的提升

C. 服务专业　　D. 物流效率高，发货速度快

4.【判断】为了降低物流成本，可以不用考虑商品运输需求，只考虑性价比。（　　）

5.【填空】物流设置是店铺正式运营前必须要完善的________和________模块。

6.【简答】简述自发货和海外仓各自的优缺点。

____

____

____

____

评价反馈

评价方式采用多元化评价，评价主体由学生、小组、教师与企业构成，评价标准、分值及权重如下。

1. 学生以小组为单位，对工作任务的实施过程与结果进行互评，将互评结果填入表 1－6 中。

表 1－6　学生互评表

评价项目	评价标准	分值	得分
团队素养	小组成员间合作紧密，能互帮互助	15	
	工作计划周密，组织有序	15	
	态度端正，有较强的吃苦耐劳精神	10	
工作情况	工作效率突出	20	
	工作成果完整且质量达标	30	
	严格遵守相关工作守则和法律法规	10	
合计		100	

2. 教师对小组工作过程与结果进行评价，并将评价结果填入表 1－7 中。

表 1－7　教师评价表

评价项目	评价标准	分值	得分
专业能力	能正确表述跨境店铺开通流程及条件	10	
	能准确理解跨境物流运输方式的区别	10	
	能对跨境店铺的信息进行设置	10	
	能够完成退货和配送设置	10	
任务实施情况	能按时提交工作任务	10	
	提交的工作活动成果质量情况	10	
	工作目标达成情况	15	
	关键技能的掌握情况	10	
情感素养	学习态度认真、细致、严谨	5	
	课堂讨论参与主动性	5	
	养成及时复盘和迭代的习惯	5	
合计		100	

3. 企业对小组工作过程与工作结果进行评价，并将评价结果填入表 1－8 中，最后将综合评价结果填入表 1－9 中。

表 1－8　企业评价表

达成关键结果	分值	得分
KR1：成功申请第三方全球收款账户	30	
KR2：完成亚马逊平台店铺注册及信息设置	30	
KR3：保证 3 个月内店铺的违规次数为 0 次	40	

表 1－9　综合评价表

综合评价	学生互评（20%）	教师评价（50%）	企业评价（30%）	综合得分

典型工作任务02

产品上架

想创科技 **跨境电子商务企业工单**

订单编号：LK00200102

<table>
<tr><td>工作任务</td><td colspan="8">亚马逊店铺产品上架</td></tr>
<tr><td>派单企业</td><td colspan="4">想创科技</td><td colspan="2">截止日期</td><td colspan="2"></td></tr>
<tr><td>接单人</td><td colspan="4"></td><td colspan="2">负责导师</td><td colspan="2"></td></tr>
<tr><td>工单描述</td><td colspan="8">本工单依据跨境电商企业的典型工作任务制定开发，主要面向跨境电商运营专员岗位，培养跨境电商运营人员的产品标题撰写能力和产品页面设计能力，助其提升专业技能，积累实操经验</td></tr>
<tr><td rowspan="5">企业目标</td><td colspan="8">OKR 即目标与关键成果，是一种企业管理方式，以过程性考核为核心，关键结果“可量化、可追踪”</td></tr>
<tr><td colspan="2">目标（Objective）</td><td>O</td><td colspan="5">为一款连衣裙完善 Listing 页面</td></tr>
<tr><td colspan="2" rowspan="3">关键成果（Key Result）</td><td>KR1</td><td colspan="5">为连衣裙撰写一条产品标题</td></tr>
<tr><td>KR2</td><td colspan="5">为连衣裙设计一张白底主图</td></tr>
<tr><td>KR3</td><td colspan="5">为连衣裙撰写产品描述</td></tr>
<tr><td>工作职责</td><td colspan="8">• 熟悉公司运营平台操作
• 负责产品对接及系统后台上线
• 负责商城后台产品的梳理及产品复盘数据分析
• 负责跨境电商平台产品上架和文案</td></tr>
<tr><td rowspan="2">工作内容</td><td>① →</td><td>挖掘关键词</td><td>② →</td><td>产品标题撰写</td><td>③ →</td><td>设计产品主图</td><td>④ →</td><td>编辑产品描述</td></tr>
<tr><td>⑤</td><td></td><td>⑥</td><td></td><td>⑦</td><td></td><td>⑧</td><td></td></tr>
<tr><td>工作难度</td><td colspan="8">□简单　☑一般　□偏难　□困难</td></tr>
<tr><td>完成确认</td><td>序号</td><td colspan="5">检查事项</td><td colspan="2">教师签名</td></tr>
<tr><td></td><td>1</td><td colspan="5">对本工作的任务要求是否明确</td><td colspan="2"></td></tr>
<tr><td></td><td>2</td><td colspan="5">是否完成关键词的筛选</td><td colspan="2"></td></tr>
<tr><td></td><td>3</td><td colspan="5">关键词是否经过验证</td><td colspan="2"></td></tr>
<tr><td></td><td>4</td><td colspan="5">标题撰写是否符合标题公式</td><td colspan="2"></td></tr>
<tr><td></td><td>5</td><td colspan="5">标题撰写是否使用违规元素</td><td colspan="2"></td></tr>
<tr><td></td><td>6</td><td colspan="5">是否遵循主图设计要点进行主图制作</td><td colspan="2"></td></tr>
<tr><td></td><td>7</td><td colspan="5">产品描述的编辑是否符合 FAB 法则</td><td colspan="2"></td></tr>
<tr><td></td><td>8</td><td colspan="5">是否达成本工单的企业目标要求</td><td colspan="2"></td></tr>
</table>

注意事项：

1. 请严格按照工单内容要求进行项目实践，不得随意更改工作流程。
2. 在完成工作内容后，请进行清单自检，完成请打√。

学生签字：

学习目标

知识目标

1. 了解关键词搜索工具，筛选并提炼产品关键词
2. 掌握产品标题撰写的方法
3. 掌握产品白底主图和功能性主图的设计方法
4. 掌握产品描述的撰写方法

能力目标

1. 能够完成关键词的筛选
2. 能够完成产品标题的撰写
3. 能够完成产品主图的设计
4. 能够完成产品描述的撰写

思政目标

1. 形成求真务实的工作态度
2. 养成承担社会责任的品质
3. 培养民族自豪感、自尊心

任务书

针对产品上架工作，下方梳理出了学生的学习流程，并制订了实践计划，同学们可依据该计划实施实践活动。产品上架学习流程图如图 2－1 所示，学习任务见表 2－1。

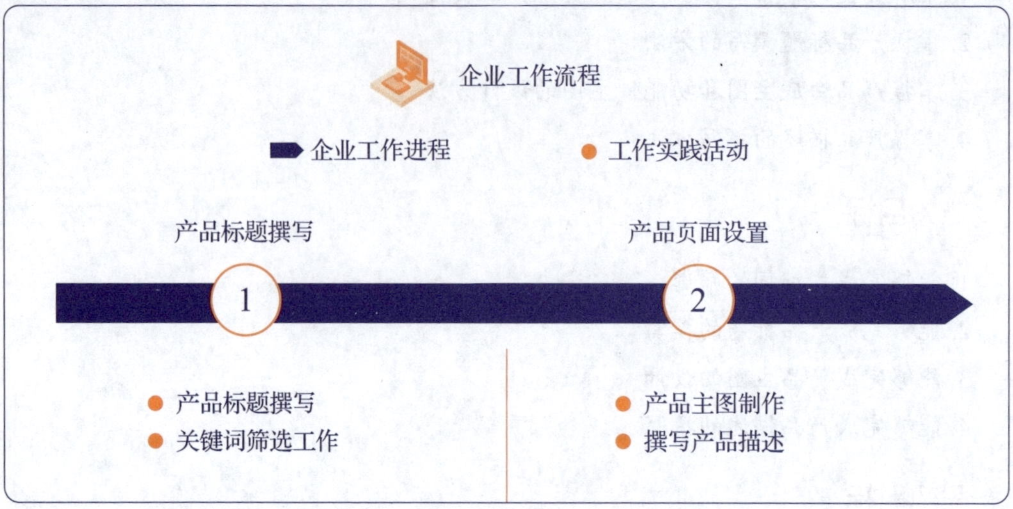

图 2－1　产品上架学习流程图

表 2－1　学习任务

序号	学习任务	学习任务简介	学习要点	实践活动
1	产品标题撰写	根据产品的特点，通过关键词搜索工具来选定关键词，完成产品标题的撰写	（1）根据平台规则、产品属性、产品卖点及平台热搜词，使用第三方工具初步选定关键词 （2）根据目标人群搜索和浏览习惯、平台搜索规则，使用关键词组合产品标题	完成关键词筛选工作并撰写产品标题
2	产品页面设置	根据店铺和产品的特点，设计出符合平台要求和买家需要的产品主图和产品描述	（1）根据产品属性、产品特点与提炼的卖点，撰写符合消费特征、具有吸引力的文案 （2）根据产品属性、产品特点与提炼的卖点、图文布局，使用图形图像处理软件，对页面图片进行简单处理，选择与上传符合平台规则的产品图片	完成产品主图制作并撰写产品描述

任务分组

针对店铺产品上架的工作任务，同学们可以按照具体情况进行任务分配，并将小组成员名单记录在表 2－2 中，以小组的形式完成企业目标。

表 2－2　工作任务分配表

<table>
<tr><td>班级</td><td></td><td>组号</td><td></td><td>指导老师</td><td></td></tr>
<tr><td>组长</td><td></td><td>学号</td><td colspan="3"></td></tr>
<tr><td>组员</td><td colspan="5"><table>
<tr><td>姓名</td><td>学号</td><td>姓名</td><td>学号</td></tr>
<tr><td></td><td></td><td></td><td></td></tr>
<tr><td></td><td></td><td></td><td></td></tr>
<tr><td></td><td></td><td></td><td></td></tr>
<tr><td></td><td></td><td></td><td></td></tr>
</table></td></tr>
<tr><td colspan="6">任务分工</td></tr>
<tr><td colspan="6">在明确工作任务后，将小组成员分工明细填写在下方：</td></tr>
</table>

工作准备

1. 阅读任务书，理解学习计划中的学习要点及学习任务要求；
2. 学习如何使用关键词搜索工具；
3. 结合学习任务，查看课前学习视频、文章及资讯并记录疑点和问题。

任务一 产品标题撰写

内容提要

在产品上架之前，运营人员需要根据产品的特点，通过关键词搜索工具来搜集、验证、筛选关键词，并利用关键词来进行产品标题的撰写。优质的关键词代表着大量的搜索量，优质的标题能够为产品带来更高的平台推荐权重以及点击率。

知识充电站

一、关键词挖掘

关键词指的是买家在搜索时，输入的能够最大程度概括买家所要查找的信息内容。关键词决定了产品的呈现排名，以及买家是否能通过搜索精准地匹配到产品。设置关键词需要先完成以下两点：

（一）寻找关键词

在优化关键词之前，卖家应该先寻找关键词，创建一个“潜在关键词列表”，在此基础上，卖家再使用软件工具来检查它们是否值得使用，最终筛选出最相关的关键词。

寻找关键词的方法很多，下面主要介绍三种方法：

1. 通过用户搜索热度查找

卖家可以借用第三方工具来查看相关关键词，如图 2－2 所示，并根据买家搜索热度挑选优质关键词。

Keyword 关键词		Volume 近12个月内每月平均热度	Comp. 竞争强度	
bluetooth headset		30,853	27.17	7,428
best bluetooth headset		13,756	9.01	46
lg bluetooth headset		7,630	7.89	25
plantronics bluetooth headset		7,497	7.43	19
bluetooth gaming headset		3,506	8.21	30

图 2－2　关键词搜索

注：数据来自 Wordtracker 关键词工具（https://www.wordtracker.com）。

这里涉及的关键词、平均热度、竞争强度三个专业名词的意思如下：

（1）关键词：展示搜索出的相关关键词，如图 2－2 所示为输入关键词“bluetooth headset”搜索得到；

（2）平均热度：表示该关键词在过去 12 个月内每月的平均买家搜索热度，热度越高表示该关键词被买家搜索的次数越多；

（3）竞争强度：表示买家搜索该关键词时，出现的包含该关键词的商品的多寡，竞争强度越大表示通过该关键词搜索出的商品越多，流量也就越大。通常越简短的关键词竞争强度越大。

热度高的词是卖家首先要瞄准的，但竞争强度则需要卖家结合店铺情况进行筛选。如果是流量大、实力强的大卖家，可以选择竞争强度高的词；如果是小卖家，则可以选择竞争强度较低的长尾词。

2. 通过跨境电商平台自动建议查找

以亚马逊为例，在亚马逊搜索栏中输入一个搜索词时，它会帮助买家完成搜索，而这些呈现出来的搜索条目都是亚马逊的热门搜索，如图 2－3 所示。

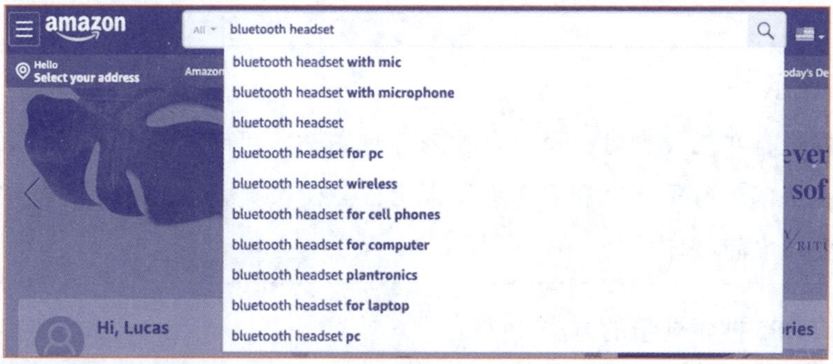

图 2－3　亚马逊平台搜索关键词结果

3. 从同类热销品的标题中挖掘关键词

作为新手卖家，参考同类热销品的关键词是一种很好的办法。可以把高销售量店铺里的热销商品的标题都整理到表格里，然后通过前文的两种方法逐一搜索这些关键词的热度，如图 2－4 所示。

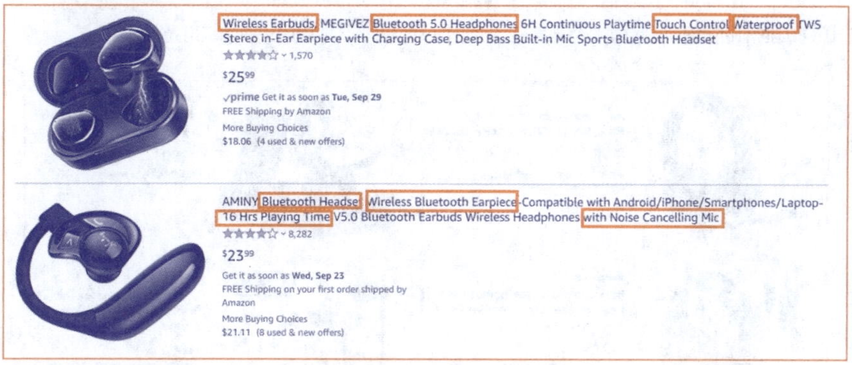

图 2－4　同类热销品标题

各跨境电商平台关键词挖掘方法的异同，如表 2－3 所示。

表 2-3　各跨境电商平台关键词挖掘方法的异同

跨境电商平台	不同挖掘方法	通用挖掘方法
亚马逊	亚马逊广告的“Search Term Reports”（搜索词报告）	Google Adwords、Wordtracker 等关键词搜索工具 平台搜索框搜索 同类热销品标题挖掘
速卖通	速卖通管理后台“数据纵横”	
Shopee	市场周报内容获取	

（二）关键词筛选优化

在寻找关键词的环节中，卖家需要首先删除重复项及与产品不相关的结果，根据自己的情况和关键词热度挑选出 10 个优质关键词，然后确定相关性和搜索量最佳组合的前五个（TOP5）搜索词组。

1. 五个搜索词组需具备的特征

首先这五个搜索词组的关键词与产品相关且搜索量较高（通常每月搜索超过 2 000 次）；其次它们是独立的词组，即单独展示该短语，买家就能知道是什么商品，不需要额外的词汇。

温馨提示

买家在进行广泛搜索时，通常会搜到各种完全不同的产品，无法精准满足他们的需要。在买家进行第 2 次和第 3 次搜索时，会使用更精准的长尾关键词，这就是关键词所要瞄准的目标。

2. 筛选 TOP5 搜索词组的方法

（1）找到与产品相关的关键词。研究挑选出 10 个关键词，围绕产品填写最关键的、买家最关心的核心词，再向周边属性扩展，如产品的功能、颜色、使用环境、特色、材质、使用人群、是否方便安装等。连衣裙、白色、露肩、夜场、时尚女孩、百褶、纯棉，这样的标题写出来，买家无论搜索纯棉连衣裙，还是搜索夜场、连衣裙等，店铺都是排名靠前的。

（2）可以将功能词、长尾词和同义词相结合。以耳机 Bullet Points 为例，如图 2-5 所示。可以将下面这些相关联的词放进关键词中，但要注意，选取的关键词必须与产品的功能和特性对应，不能为了盲目增加关键词的数量而添加。

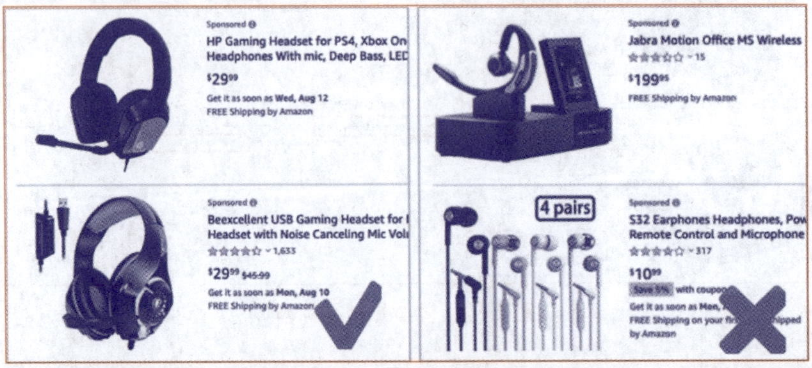

图 2-5　关键词验证

例 某经营游戏蓝牙耳机的卖家，最终筛选出的 TOP5 搜索词组，如表 2-4 所示。

表 2-4 关键词筛选

关键词	热度	TOP5	热度
bluetooth headset（蓝牙耳机）	30 853	bluetooth headset（蓝牙耳机）	30 853
best bluetooth headset（最好的蓝牙耳机）	13 756	bluetooth gaming headset（游戏蓝牙耳机）	3 506
plantronics bluetooth headset（缤特力蓝牙耳机）	7 497	ps4 bluetooth headset（ps4 蓝牙耳机）	3 435
bluetooth gaming headset（游戏蓝牙耳机）	3 506	bluetooth phone headset（手机蓝牙耳机）	2 429
best bluetooth headset for phone（最好的手机蓝牙耳机）	3 480	noise cancelling bluetooth headset（降噪蓝牙耳机）	2 162
ps4 bluetooth headset（ps4 蓝牙耳机）	3 435		
motorola bluetooth headset（摩托罗拉蓝牙耳机）	3 271		
bluetooth phone headset（手机蓝牙耳机）	2 429		
bluetooth headset for phone（手机蓝牙耳机）	2 243		
noise cancelling bluetooth headset（降噪蓝牙耳机）	2 162		

这些筛选出的关键词都是相关性和热度兼备，在标题、Bullet Points、产品描述等都可以被运用，能够有效提升买家搜索精确度和排名。

（3）关键词应与产品高度相关。很多卖家会把所有热度高的词添加至自己的 Listing。比如 portable 这个词，如果选择卖一款笨重的大音箱，为了蹭流量把它加入你的关键词里，那最后的结果可能是你的产品转化率非常低。所以挑选关键词时，应当首先提取产品的主要卖点，再根据热度决定把关键词分别放到 Listing 的哪些元素中。同时，要考虑你产品的目标受众是谁，他们会通过哪些词搜索你的产品，再把这些词添加进去。

其次，关键词需要符合当地的用语习惯。很多卖家会添加一些非常中式的英文词到 Listing 中，比如钢化膜，有人会用 tempered glass 这个词，但是更加地道的说法应该是 screen protector。再比如暖风机，space heater 比 warm air blower 更加符合当地用语习惯。所以在选取关键词时，一定要反复查询用词是否地道。

（4）在标题、标签或者描述中选择性放词呈现。在找好了关键词后很多卖家会把它放在标题里，实际上搜索流量平台查询的不光是标题，标签描述也都会查询，所以可以将关键词放到标签里或者描述中呈现，在标题里不要反复重复关键词。

类似：红色连衣裙、白色连衣裙、夜场连衣裙，这样是没用的，不会增加搜索权重。只需要连衣裙、白色、红色、夜场即可，节省出更多的空间写其他的属性词，如果标题不够写，放到描述和标签里即可。

关键词优化不可能一蹴而就，卖家需要不断研究并不断调整，以找到最佳关键词。

二、标题撰写

（一）产品标题

产品标题指的是卖家为产品撰写的名称，好的标题能为产品带来更多的展现和点击率。准备好关键词之后，卖家就可以运用关键词来撰写标题，只有巧妙运用关键词来组成标题，才能让标题更容易被买家搜索到，并具备更高的系统推荐权重。

标题的撰写需要牢记标题公式：【品牌名】+【主关键词】+【2～3个表现产品功能属性的关键词】+【使用范围】+【规格】。

- 品牌名：添加品牌名能起到宣传的作用，让买家注意到品牌，培养买家忠诚度。
- 主关键词：买家搜索最多、热度最高的关键词，更容易被买家搜索到。
- 表现产品功能属性的关键词：搜索量高，组合成长尾词，展现产品功能，吸引买家注意。
- 使用范围：说明适用场景、人群等，让买家一眼就能判断自己是否需要。
- 规格：包括颜色、风格、型号、数量等，非必选项。

例 New Bee Bluetooth Earpiece V5.0 Wireless Handsfree Headset 24 Hrs Driving Headset 60 Days Standby Time With Noise Cancelling Mic Headset Case for iPhone Android Samsung Laptop Trucker Driver。

译文：New Bee 蓝牙耳机 V5.0｜无线免提耳机｜满足 24 小时驾驶使用的耳机｜待机 60 天、带降噪麦克风的头戴式耳机｜适用于 iPhone、安卓、三星笔记本、卡车司机。

- New Bee（品牌名）
- Bluetooth Earpiece（主关键词）
- Wireless Handsfree Headset（表现产品功能属性的关键词）
- 24 Hrs Driving Headset（表现产品功能属性的关键词）
- 60 Days Standby Time With Noise Cancelling Mic Headset Case（表现产品功能属性的关键词）
- for iPhone Android Samsung Laptop Trucker Driver（使用范围）

（二）各平台产品标题注意事项

1. 亚马逊

亚马逊商品标题不得超过 200 个字符（包括空格和符号）。除了连词、冠词、介词之外（如连词：and，or，for；冠词：the，a，an；少于 5 个字母的介词：in，on，over，with），每个单词的首字母必须大写。另外，单词不能全部大写或小写。接下来，简单介绍一下关于大写、数字与符号的使用要求。

（1）大写的使用要求。

- 每个单词的首字母要大写；
- 不要全部使用大写字母；

- 连词（and、or、for）和冠词（the、a、an）不得大写；
- 请勿将少于5个字母的介词（in、on、over、with）大写；
- 不能用任何特殊字符或符号，如@，#，$，&，*，etc。

（2）数字与符号的使用要求。

- 使用阿拉伯数字（2，而非二）；
- 拼写出测量单位（6英寸，而非6）；
- 请勿使用符号，如～、!、*、$、?；
- 标题简明扼要、不拖泥带水，不能太短或太长，适中即可（100～180字符左右）；
- 不能带有与商品无关的任何促销信息，或出现引诱买家购买的词语，如free shipping，best sale，great promotion，new arrival；
- 切勿在标题放入卖家名称（除非名称就是品牌），卖家邮箱、电话号码等信息；
- 不要为了吸引曝光、引入流量，迎合消费者心理需求，从而夸大宣传（浮夸），虚标各种数据，典型产品如移动电源的毫安、可充电电池的容量等；
- 关键词最好符合当地人的语言搜索习惯，比如TV要比Television搜索量更高，但不要写缩略词。

2. eBay

eBay的商品标题分为标题和副标题；标题字符限制在80个字符；副标题字符限制在55个字符，且副标题是收费项目。

（1）eBay标题的重要性。

- 物品标题是有效的广告语；
- 可以带来高搜索率、高浏览量；
- 让买家直接了解到物品的重要信息，并做出是否进一步了解的判断。

（2）eBay标题的注意事项。

- 检查拼写是否准确；
- 产品标题总共80个字符；
- 检查产品标题上有没有出现侵权的词；
- 请勿输入网址、电子邮箱或电话之类的信息；
- 请勿输入类似“WOW”或者“Look”等单词；
- 请勿使用多个同义词或者复数。

3. 速卖通

速卖通的商品标题有128个字符限制，包括空格和符号。

速卖通标题的注意事项：

- 关键词要能明确描述所出售的产品；
- 不要把无用的、没人会搜的词写在标题里，如cool，lovely，everyone等词，还有如某些标点符号 -、|、& 等；

- 务必保证每个词拼写正确，单词首字母大写；
- 要慎用缩略词。

案例解析

亚马逊标题撰写踩雷

亚马逊 amazon.com

- 平台：亚马逊
- 问题：产品标题撰写错误
- 作用：优化产品标题

案例详情 阅读行业典型案例，带给你一点点灵感！

亚马逊某新手卖家为自家店铺出售的 iPhone 13 手机壳撰写了产品标题，结果遭遇了滑铁卢，产品不但得不到展现，无人问津，不久之后更是直接被判定为违规。

该卖家的产品标题如下：

FREE SHIPPING & NEW ARRIVAL !!! BLACK FLIP CASE COVER FOR IPHONE13 FROM MY COMPANY -- BUY NOW WITH CONFIDENCE!!!

为什么被判定为违规？

从产品标题能够看出有如下问题：（1）标题全部字母都大写；（2）使用了不符合规范的标点符号；（3）出现了包含促销信息的关键词；（4）出现了不合规范的关键词，如“FROM MY COMPANY”“BUY NOW WITH CONFIDENCE”，这是被判定为违规的主要原因。

工作实施

在产品上架之前，运营人员首先要完成产品标题的撰写。运营人员根据产品的特点，通过关键词搜索工具来搜集、验证、筛选关键词，完成产品标题的撰写。

本阶段实践活动及成果要求如下：

实践活动 1：关键词筛选工作 活动情境：小鹿是一家跨境公司的员工，最近公司打算推广一批新产品，在产品上架前，需要对产品标题进行撰写。现需要小鹿根据产品特点，挖掘出合适的关键词。 工具 / 环境：跨境 B2C 实训平台；有网络的电脑机房。 **活动实施流程：** 寻找关键词 → 筛选 10 个关键词 → 筛选 TOP5 搜索词组	
实践活动 2：产品标题撰写 活动情境：小鹿在完成关键词搜索后，需要对这些关键词进行选择、重新组合，完成产品标题的撰写。 工具 / 环境：跨境 B2C 实训平台；有网络的电脑机房。 **活动实施流程：** 了解产品属性 → 明确适用范围 → 撰写标题	
阶段成果	成功挖掘关键词 完成产品标题撰写

引导问题 1：用简单的一句话来描述产品关键词。

______

______

______

引导问题 2：列举 3 个或 3 个以上查找关键词的方法。

______

______

______

______

引导问题3： 相关性和搜索量最佳组合的TOP5搜索词组应该具备哪些特性？

引导问题4： 你认为产品标题中，应该包含哪些内容？试着对这些内容进行一个优先级排序。

温馨提示

产品标题撰写公式及解析

公式：【品牌名】+【主关键词】+【2～3个表现产品功能属性的关键词】+【使用范围】+【规格】

（1）品牌名：品牌名能起到宣传的作用，可培养买家忠诚度；

（2）主关键词：买家搜索最多、热度最高的关键词，易被买家搜索到；

（3）表现产品功能属性的关键词：搜索量高，组成长尾词，展现产品功能，易吸引买家注意；

（4）使用范围：说明适用场景、人群等，能让买家一眼判断是否需要；

（5）规格：包括颜色、风格、型号、数量等，非必选项。

课堂测验

产品标题撰写

1.【单选】下列选项中，不适用于在亚马逊搜寻关键词的方法是（　　）。

A. 通过第三方关键词搜索工具的用户搜索热度查找

B. 通过跨境电商平台自动建议查找

C. 通过数据纵横进行查找

D. 从同类热销品的标题中挖掘关键词

2.【多选】产品标题必须包含的内容有（　　）。

A. 品牌名　　B. 主关键词

C. 表现产品属性的关键词　　D. 规格

3.【多选】标题优化要注意的要点有（　　）。

A. 除介词、冠词、连词以外，其余单词首字母都要大写

B. 不能包含表示促销信息的词

C. 不能使用"!*@#？"之类的符号

D. 标题中最好包含卖家信息，这样有利于店铺宣传

4.【判断】关键词优化要争取一步到位，以避免后期反复优化，降低效率。（　　）

5.【判断】某卖家通过选词工具发现，热度排名第一的关键词含有地域歧视成分，该卖家认为既然出现在选词工具上，那说明关键词就是符合规则的，可以正常使用。（　　）

6.【简答】你知道哪些寻找关键词的方法？

____

____

____

____

任务二 产品页面设置

内容提要

产品页面设置同样是产品上架前的重要准备工作，通常在完成标题撰写后进行。产品页面设置包括主图设置、产品描述设置和类目分析与设置。卖家需根据店铺和产品特点来设计主图、描述及分类，使之更符合平台要求和买家需要。优质的主图、描述和分类，能为店铺带来更多的点击和转化。

知识充电站

一、设置主图

主图和标题都是吸引买家点击的关键，主图指的是买家搜索产品后呈现出来的产品图片，是产品最重要的展示窗口。

主图除了白底主图之外，还有各类功能性的主图。设置好主图可以有效提高产品页面竞争力，并提高最终转化率。主图设置主要包括以下两个方面：

（一）白底主图

白底主图设计主要从尺寸、清晰度、构图、图片效果等方面入手，具体设计方向如下：

1. 主图尺寸的相关要求

各个跨境电商平台的主图尺寸各有不同，运营人员要了解自己所负责平台的主图规则，才能避免违规。各平台主图尺寸要求，如表 2－5 所示。

表 2－5 各平台主图尺寸要求

跨境电商平台	主图尺寸
亚马逊	1. 主图必须是纯白背景（RGB 值是：255，255，255） 2. 主图至少 1 000 像素，产品必须在图片中清晰可见；最多上传 9 张图片 3. 主图明确地展示所售商品，最好不出现任何所售商品以外的商品或配件 4. 主图不能带 Logo 和水印（印制于产品本身的 Logo 是允许的），无任何文字，无边框；副图片可以不是纯白背景 5. 产品至少要占图片的 85% 6. 主图必须是实际商品的专业照片（不得是图形、插图、实物模型或占位符），且不得显示不包含的配件、可能令买家产生困惑的支撑物、不属于商品一部分的文字或徽标 / 水印 / 嵌入图片

续表

跨境电商平台	主图尺寸
	7. 亚马逊接受 JPEG（.jpg）、TIFF（.tif）或 GIF（.gif）文件格式，但首选 JPEG 8. 服务器不支持 .gif 格式的动图
速卖通	1. 建议背景底色为白色或纯色，图片尺寸为 800 × 800 及以上，图片横向和纵向比例建议为 1∶1 ～ 1∶3 2. 图片要求无边框和水印，不允许拼图 3. Logo 统一放在图片左上角
eBay	1. 像素为 500 ～ 1 600，最大不超过 7MB 的图片 2. 不能出现店铺 Logo/ 宣传 / 促销等文字 3. 不能有边框、底纹及插图 4. 尽量使用纯色背景 5. 不要使用模糊、抖动的图片 6. 尽量将产品放置于图片中间，产品占到整个图片的 80% 以上 7. 首图只放产品本身，不要放置配件 8. 自行拍摄图片，请勿盗图 9. 尽量用满 12 张免费图片
Wish	产品主图： 1. 主图的背景必须是纯白色（Wish 搜索和产品详情界面也是纯白的，纯白的 RGB 值是 255，255，255），建议尺寸：800 × 800 2. 主图不能是绘图或者插图而且不能包含实际不在订单内的配件、道具 3. 主图不能带 Logo 和水印（产品本身的 Logo 是允许的） 4. 主图中的产品最好是占据图片大约 85% 的空间 5. 产品必须在图片中清晰可见，如果有模特，那么模特不能是坐姿，最好站立 6. 如果要使用模特就用真人模特，不能使用模型模特，模特衣着要得体 产品辅图： 1. 辅图应该对产品做一个不同侧面的展示，如产品使用的展示或对在主图中没凸显的产品特性做补充，Listing 中卖家可以最多添加 8 张辅图 2. 辅图最好也是和主图一样是纯白的背景，但这不做强制要求，不是纯白的问题也不大 3. 辅图不能带 Logo 和水印（产品本身的 Logo 是允许的） 4. 产品必须在图片中清晰可见，如果有模特，那么模特不能是坐姿，最好站立 5. 如果要使用模特就用真人模特，不能使用模型模特，模特衣着要得体
Shopee	1. 图片建议尺寸：800 × 800 2. 封面图片：封面图片背景最好是白色 • 待售产品必须至少覆盖图像框架的 60% • 徽标必须位于左上角，且不得超过图像框架的 10% • 完整产品必须在框架内，不能裁剪 • 封面图片中没有模特，除了时尚、健康、美容、运动和户外类别 3. 其他图片： • 非封面图片允许使用背景和环境来帮助演示产品的使用或规模 • 产品和道具应填充图像框架的 50% 或更多 • 允许裁剪或特写图片 • 允许使用模型 • 每张图片应显示产品的不同角度

2. 高点击率主图特点

（1）尽量使用纯白背景。有些平台的算法会检测主图是否为纯白色背景（如亚马逊），限制非纯白背景的主图展现，甚至让其无法显示；如果是不强制要求白底主图的可以不需要纯白背景。

（2）尽量多占据主图空间。让商品最大程度地呈现在搜索结果页面，适当留白。避免使用正视图，正视图无法体现商品的立体感。应使用 15 度～ 45 度的图片，如图 2－6 所示。

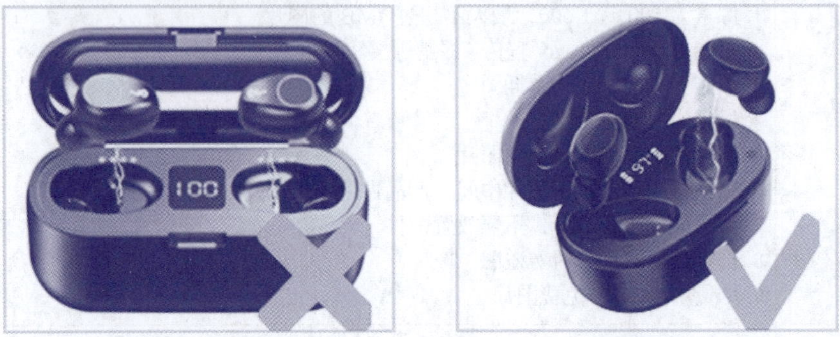

图 2－6　避免使用正视图

（3）不同材质商品使用不同的灯光效果。不同材质的商品采用不同的灯光布景，会让产品图片更具有质感，同时也能更好地凸显细节，提升图片质量。如拍摄透光体，布置柔光箱与柔光灯进行拍摄，效果更好。

（二）功能性主图

功能性主图需要买家点击进入产品详情页面之后才能看到，通常又被称为副图。功能性主图根据平台的数量限制进行设置，主要包括尺寸图、功能图、细节图、操作图、场景图、颜色 / 包装 / 配件图、内部构造图。

1. 尺寸图

顾名思义，尺寸图的作用是将产品尺寸标注清楚，让买家了解到商品的大小、长宽高等信息。如果为了突出产品的大小，可以通过和其他物品进行对比的方式来呈现，如图 2－7 所示。

图 2－7　尺寸对比图

2. 功能图

功能图的作用是展示产品的重要功能，尤其是买家最为在意的产品功能，要着重进行展示，可以通过代入情境来体现产品功能。如图 2－8 所示，通过将产品置于水中来体现产品的防水功能；在嘈杂的环境中戴着耳塞睡觉体现耳塞的隔音功能等。

3. 细节图

细节图能够凸显产品外观、形态上的特点，一些精细产品通常会使用特写镜头来展示产品的细节，如图 2-9 所示的手机镜头、毛绒玩具的毛料等。

图 2-8　防水功能图

图 2-9　手机镜头细节图

4. 操作图

操作图的作用是让买家了解产品的操作方法，以降低买家的操作门槛，以及投诉率。如图 2-10 所示为蓝牙耳机的操作键位。

图 2-10　蓝牙耳机操作键位图

5. 场景图

场景图的作用主要是通过具体的使用场景来使买家产生代入感，通常会使用最常见或最让人向往的场景来呈现，激发买家的购买欲望。如图 2-11 所示为蓝牙耳机的使用场景。

图 2－11　蓝牙耳机使用场景图

6. 颜色 / 包装 / 配件图

在产品有多个颜色、配件或精美包装的情况下，通常可以通过颜色 / 包装 / 配件图来呈现，以便让买家了解到产品套装的优惠。如图 2－12 所示为蓝牙耳机的配件。

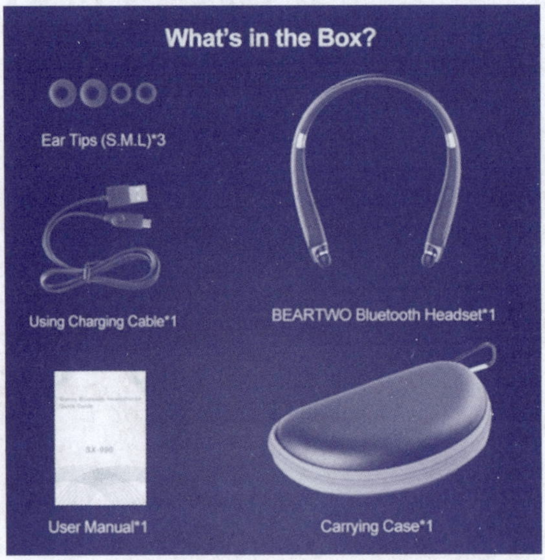

图 2－12　蓝牙耳机配件图

7. 内部构造图

内部构造图可以为产品增加科技感，适用于 3C 类产品，能够让买家更加相信产品的品质。如图 2－13 所示为蓝牙耳机的内部构造。

图 2－13　蓝牙耳机内部构造图

二、设置产品描述

产品描述指的是产品页面中具体介绍产品特点、功能的内容。

产品描述是让买家了解产品具体特点、功能的途径，是提升转化率的关键。产品描述需要重点关注 FAB 法则、要素齐全、五点描述和产品描述等内容。

（一）FAB 法则

运用 FAB 法则（见图 2－14）撰写产品描述，能够简洁明了地让买家了解产品的作用，以及产品能够满足他们什么样的需求，吸引买家下单。FAB 法则中各个字母的解释如下：

F= 属性（Feature）：该产品的客观属性。

A= 作用（Advantage）：该产品属性的作用。

B= 益处（Benefit）：该作用对买家的好处，最好能用具体的场景体现。属性与作用都是为了益处服务。

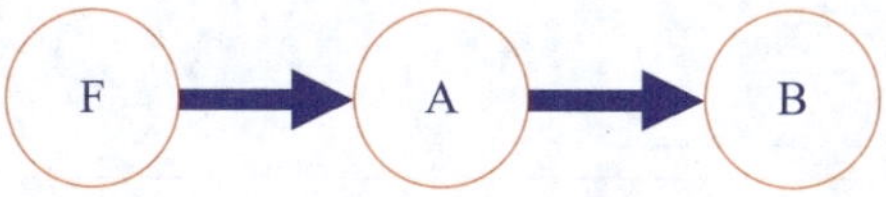

图 2－14　FAB 法则

例　In-ear SILICONE design with 360 degree adjustable EAR HOOKS to keep the earpiece in place. No falling worry even you heads down.

译文：耳塞式 SILICONE 设计，360 度调节的耳钩以固定听筒，即使低着头走路也不用担心耳机掉出来。

In-ear SILICONE design、360 degree adjustable EAR HOOKS（属性）

keep the earpiece in place（作用）

No falling worry even you heads down（益处）

（二）要素齐全

产品描述的要素齐全主要体现在以下 3 个方面：

（1）买家所在意的参数一定要呈现，如服装的尺码、电池的容量、杯子的容积等，在不同平台的不同站点，要使用该站点的常用计量单位。耳机参数如图 2－15 所示。

Support IOS Residual Power Display

Charging Time: 1-2 hours

Talking time: 7-9 hours

Music time: 5-7 hours (80% volume)

Standby time: 180 hours

图 2－15　耳机参数

（2）如果产品需要组装或操作说明，需要写清楚操作步骤，不要让买家无从下手，从而招致差评。耳机配对操作说明如图 2－16 所示。

How to pair 2 devices at the same time:

Step 1:Press and hold the power button for 3 second to power on, you can see the indicator light flashing red and blue alternately. At this time, turn on the Bluetooth on your first device, find "A8" and click to connect. The indicator will turn blue when connected.

Step2: After match the first device successfully, turn off the Bluetooth of your first device, and then the Bluetooth headset enters the pairing match status.

Step3: Turn on the Bluetooth on your second device, find "A8" and click to connect. The indicator will turn blue when connected.

Step4: After connected with second device successfully. Turn on the Bluetooth on you first device, it will connect automatically. If the second device doesn't connect automatically, please go to the Bluetooth list of the second device and connect manually.

图 2－16　耳机配对操作说明

（3）在描述中自然地穿插 2 个核心关键字，有助于平台搜索。产品详情描述如图 2－17 所示。

Water Resistance Design

Professional waterproof resistance tech that you can wear this Bluetooth Headset for dripping sweat, rain.

Ideal for running in the rain or sweating it out in the gym.

图 2－17　产品详情描述

温馨提示

产品描述要将重要的、买家最关注的点排在最前面，内容按重要性降序排列。

（三）五点描述和产品描述

1. 五点描述

五点描述在产品详情页的具体展现形式如图 2－18 所示。

图 2－18　产品详情页的具体展现形式

（1）五点描述的定义。

五点描述（Bullet Point），俗称短描述，是关于产品、尺寸、功能、特点、差异化卖点、运输时间等的特别说明，作为 Listing 的补充。

（2）五点描述的撰写方法及注意事项。

首先，可以参照亚马逊模板来写。在后台搜索框输入“Bullet Point”，系统会自动弹出写作指导。

其次，最多每行可写 1 000 个字符，但一般建议在 200 字符以内。太长的描述看起来很累，适当给买家做减法。

最重要的是，五点描述需要了解消费需求。一个好的五点描述应该以买家为出发点，也就是做竞品分析。

以蓝牙耳机为例，对不同类目下相似度高的产品做数据调查，主要针对产品的好评和差评。首先排除有刷单嫌疑的评价，以确保数据的准确性。好评反映的是优势和消费需求，差评反映的是需求及产品未能解决的痛点。综合数据，消费者呼声最高的写在最前面，比如说蓝牙产品消费者最关心的是音质，那么就把音质写在第一行，以此类推。关于差评还可以有更深入的思考，如果可以对大家都在抱怨的地方进行改良和优化那便是卖点。

撰写时，使用参数＋优点的介绍方式，即展示能够给买家带来的好处。举个例子：20 000mAh portable charger provides the iPhone 7 almost seven times, the Galaxy S6 five times or the iPad mini 4 twice. 这个描述将 2 万毫安的电池对应不同型号手机的充电次数详细列举出来，对买家来说，信息非常全面。

五点描述的撰写要能够体现目标人群。如果卖家足够了解消费者，可以在描述中特别体现目标人群。比如产品是登山杖，卖家可以写 Exclusively designed for mountaineers（专为登山爱好者设计）。

在五点描述中写明捆绑销售的产品，能够有效带动产品的销量。

产品的售后保障是买家十分关心的一个问题，可以放在最后一点写明。比如，很少有买家会在一年以后退货索赔，但是却有可能因为产品的长效保修让买家把你的产品和其他同类竞品区别开来。

最后，考虑到关键词布局，且五点描述也有搜索权重，所以可以在前两行的描述中适当地嵌入 1 ～ 2 个关键词。切记不要堆砌词语，描述的可读性要大于可搜索性。

（3）五点描述的撰写技巧。

- 突出显示产品信息的 5 个关键点，比如尺寸、保修信息、适用年龄等。
- 每个五点描述的首字母大写，结尾处不出现标点符号。字符要求：单行 1 000 个字符以内。
- 不要写含糊不清的声明，尽可能具体地描述产品的功能和属性。
- 不要输入公司的具体信息，这一部分的描述只针对产品的功能。
- 不要包含促销和定价的相关信息。
- 不要包含物流和公司的信息。
- 每句话前面可以用 1 ～ 2 个词简要突出卖点，带数据尤佳。

2. 产品描述

产品描述的用户体验主要体现在能否让买家阅读得更轻松，用户体验的提升通过用词组句的优化来实现。如图 2－19、图 2－20 和图 2－21 所示为三个不同平台的产品描述示例。

Product description

Silent Mouse with 5 adjustable DPI levels

Wireless Mouse For Laptops, Computers and A Variety of Other Electronic Products
Enjoy 18dB whisper quiet clicks – there will of course be no need to worry about annoying clicking sounds – moreover, the sleek and symmetrical design of the wireless mouse allows optimum comfort levels for both left and right-handed users.

Unrivalled Comfort with The Ergonomic Computer Mouse
With the upgraded arc shape, the wireless computer mouse helps relieve wrist pain by 90%.

Wide Ranging DPI
5 Adjustable DPI Settings including 800, 1200, 1600, 2400 and 3200. Up to 3200 DPI, the cordless mouse cursor can move 3200 "dots" on the computer screen simply by moving the mouse by an inch, 300% faster than 800 DPI.

Plug and Play
The space-saving nano receiver is stored at the back of the mouse – conveniently and easily plug the wireless mouse receiver into your computer's USB port when in use.

Long Battery Life
The product is a slim wireless mouse with an intelligent power-saving design. Moreover, the mouse is equipped with an independent on/off switch and will power for up to 18 months on a single AA battery. Furthermore, the portable mouse will enter into auto sleep mode after 15 minutes of inactivity for power saving purposes – simply clicking any button to power on. Note: battery life may vary based on user and computer conditions.

Specifications
Working frequency: 2.4GHz
Working Distance Range: 2.4G mode 15m (49ft)
5 Levels DPI: 800/1000/1600/2400/3200
Battery required: One AA battery (not included)
Mouse Size: 4.4 * 2.38 * 1.28 inch
Mouse Weight: 2.05 Oz (with USB receiver)

Package Included
1 x Wireless Mouse
1 x USB Receiver (Note: USB Nano Receiver stored within the back of the mouse.)
1 x User Manual
1 x User Reminder Card

图 2－19　亚马逊产品描述

图 2－20　eBay 产品描述

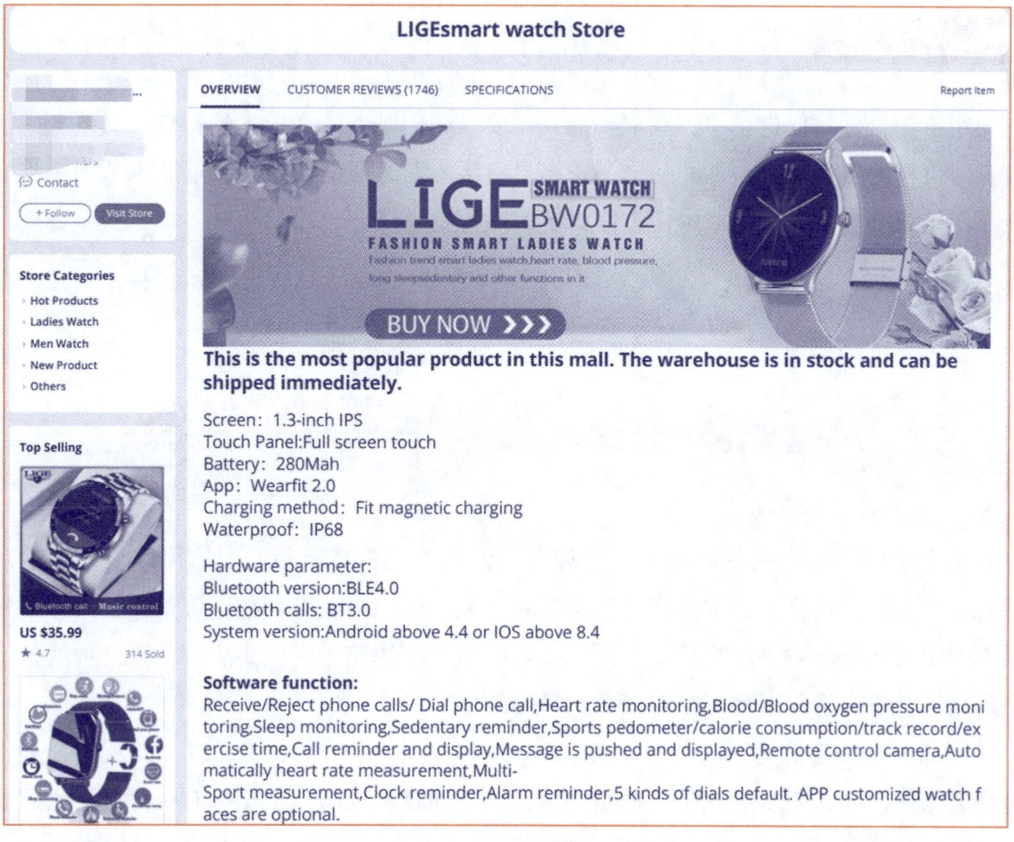

图 2－21　速卖通产品描述

（1）优秀的产品描述的定义。

优秀的产品描述一定是经过精心准备的，既要有实质的内容，又要有恰当的形式。通过形式与内容的结合，向买家传输你作为卖家想要表达的内容，而这些内容又是能够触及买家关切点的。买家通过阅读产品描述与你达成共识，产生共鸣，然后下单购买，形成了高于同行卖家的转化，这才是一个优秀的产品描述。

（2）产品描述的撰写方法。

第一步，扩展产品要点。如果首先描写的是主要功能，那么下一步就扩展丰富对主要功能的描述。不要重复已说明的内容，而是要进一步提供更详细的解释和附加信息。

第二步，提供用途说明 Listing。突出大多数人都在使用这个产品的原因。

第三步，确保合适的尺寸。即对于各种尺寸的产品，你可以强调有哪些选择，并提供尺寸或其他细节，让买家得到合适的尺寸。

第四步，定位目标受众的所有细分受众群。大多数情况下，你的目标受众中会有多个细分市场。

第五步，提供产品细节，如果在描述中能够提供尺寸、形状、大小或其他细节，能帮助买家做出自信的购买决定。

第六步，插入关键词 / 搜索词。当优化你的亚马逊产品 Listing 时，重要的关键词应该包括在标题中。在描述或项目符号中应包含关键词短语。

三、产品价格

定价的目标是促进销售，获取利润，这要求我们既要考虑成本的补偿，又要考虑消费者对价格的接受能力，从而使产品价格具有买卖双方双向决策的特征。本节内容将从产品定价原则和核算产品成本两方面讲解产品价格。

（一）产品定价原则

当上架一款新产品的时候，要合理定价，而不是随意定价。卖家可以对标竞争对手，参考其产品价格。当你的产品类型和对手极其相似时，有两种定价策略：第一种就是你的定价比竞争对手价格更低，使价格敏感型买家快速做出购买决策；第二种就是价格远高于竞争对手，增加买家对产品质量的信任。

例如，竞品售价为 20 美元，可以定价为 19 美元，或者 25 美元以上，从买家购物心理的角度出发，很多买家是价格敏感型，需要便宜的产品，但是也有一部分买家需要质量更好的产品。

对于买家来说，产品价格和产品质量应该成正比，一般来说，遵循这个原则的前提是产品价格和产品主图相对应。如果产品主图一样，价格要低于竞争对手；如果价格远高于竞品价格，那么产品主图要更有质感，让买家认为产品质量更好。

（二）核算产品成本

产品定价原则清楚了，接下来就需要核算产品成本。如图 2－22 所示，产品的成本包含采购价、国内物流费、头程物流费、平台佣金、FBA 配送费。

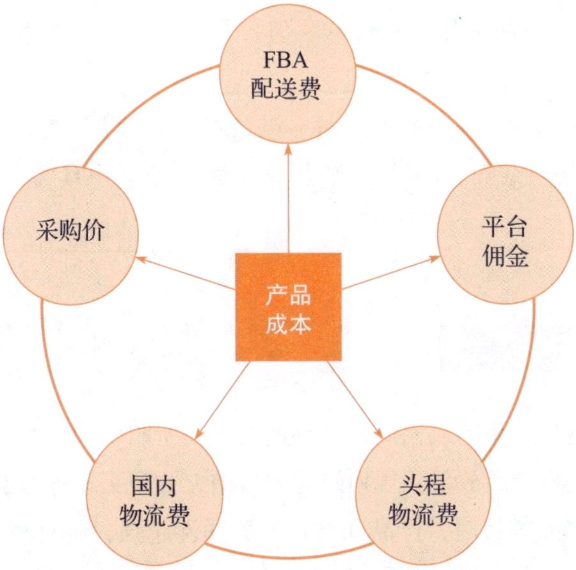

图 2－22　产品成本构成

以亚马逊平台为例：假设产品的采购价是 30 元人民币，产品重量是 500 克，售价为 30 美元（约 191 元人民币）。则单个产品（亚马逊 FBA）的成本和利润率的计算如下：

国内物流费按 1.3 元 / 千克计算，单个产品的国内物流费是 0.5 千克乘以 1.3 等于 0.65 元（不同物流公司的价格可能有差异）。

头程物流费以美国的空运费 32 元 / 千克计算，即 0.5 千克乘以 32 等于 16 元（具体价格随时变动）。

平台佣金是售价的 15%，即 30 乘以 15% 等于 4.5 美元，折合人民币约为 29 元。

单个产品 FBA 配送费为 2 ～ 3 美元（体积越大，价格越贵），折合人民币约为 15 元。

综合上述分析，最终得出如下结果：

单个产品的成本为 30＋0.65＋16＋29＋15＝90.65 元。

单个产品的毛利润为 191－90.65＝100.35，此产品的毛利润率大概是 50%。

单个产品的净利润为 100.35－一定的退货－产品广告费－公司运营成本－1% 的汇损最终值。如果退货和广告费控制得好，此产品的净利润为 35% ～ 45%。这里计算的是单个产品上架时，卖家应该计算的总成本。

只有当产品毛利润率在 40% 以上、净利润率在 30% 以上时，这个产品才有开发的价值。如果产品在上架 3 个月之后，净利润率能够控制在 45%，说明产品受平台欢迎，运营手段也很成熟。

温馨提示

各平台的产品毛利润计算公式

亚马逊 FBM 毛利润 = 售价 – 成本 – 佣金费 – 物流费 – 手续费（有广告的加上广告费）

eBay 毛利润 = 售价 – 成本 – 成交费 – 物流费 – 手续费（有广告的加上广告费）

速卖通毛利润 = 售价 – 成本 – 佣金费 – 物流费 – 手续费（有广告的加上广告费）

四、产品类目分析与设置

产品类目指的是具有相同或相似属性特点的产品所归属的种类。

产品类目设置是将产品放置到规划好的类目中，方便买家进行购物，提升平台的购物体验感。在设置产品类目时，产品和类目的关联性越强，越有利于后期的搜索排名，增加产品的曝光。

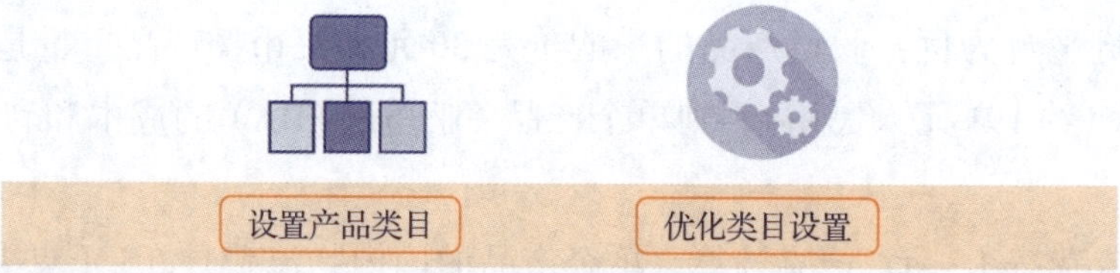

（一）设置产品类目

产品类目节点选择精准，产品详情信息匹配度高，Listing 的各项权重就会高，进而带来产品的高流量及转化率。如果类目选择不精准，可能导致销量的不温不火甚至毫无起色。

亚马逊产品类目节点是在发布产品过程中第一次出现，上架方式如表 2 – 6 所示。

表 2 – 6　亚马逊产品上架方式

单个产品上架	类目节点粗糙且不精准
批量表单上架	类目节点详细，流量精准，转化率高

在上传产品时，亚马逊平台流程的第一步就是首先选择产品的各级类目，按照

Browse Tree Guide（产品页面小路径流程图）或者 Product Classifier（产品分类）的方式将产品放置到不同的类目中。之后产品的参数和信息，也基本都是按照类目来进行设置。

以亚马逊平台为例，其具体产品上架流程有以下 13 个步骤。

第一步：登录亚马逊后台界面，如图 2－23 所示，点击“库存”—“添加新商品”，或者点击“目录”—“添加商品”。

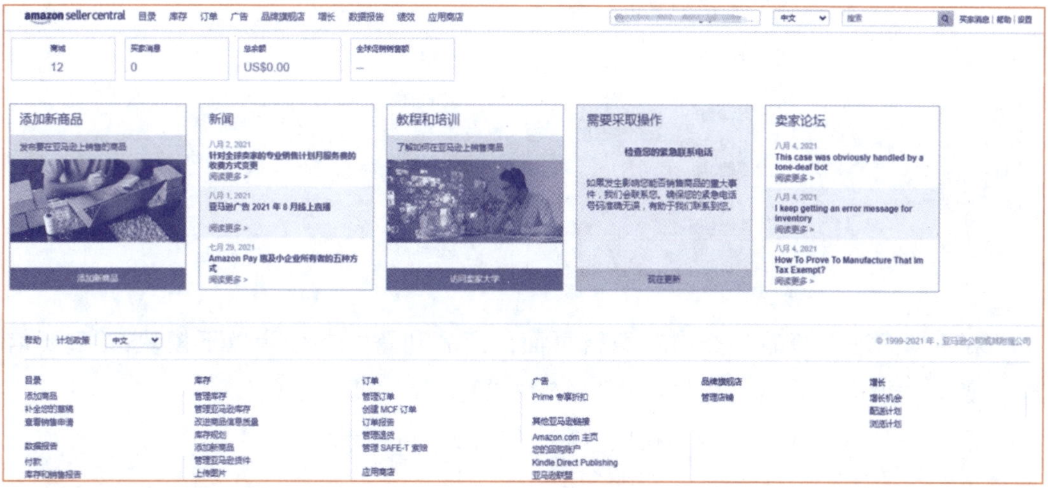

图 2－23　亚马逊后台界面

第二步：点击“我要添加未在亚马逊上销售的新商品”，如图 2－24 所示。

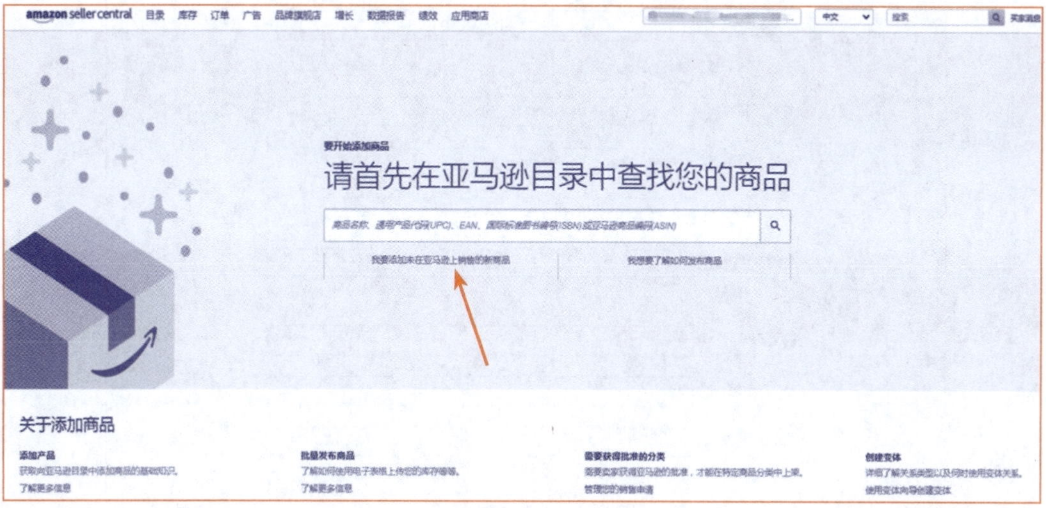

图 2－24　添加新商品

第三步：选择适合自己商品的类别，如图 2－25 所示。

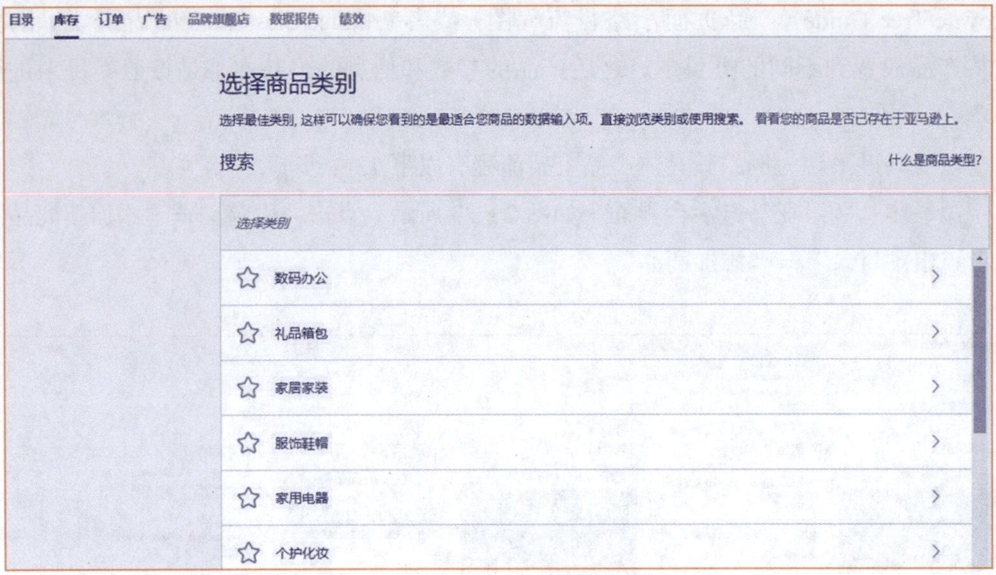

图 2-25　选择商品类别

第四步：进入商品刊登内容编辑页面，商品刊登主要分为以下模块："重要信息""变体""报价""合规信息""图片""描述""关键字""更多信息"。

第五步：填写"重要信息"模块内容，如图 2-26 所示。

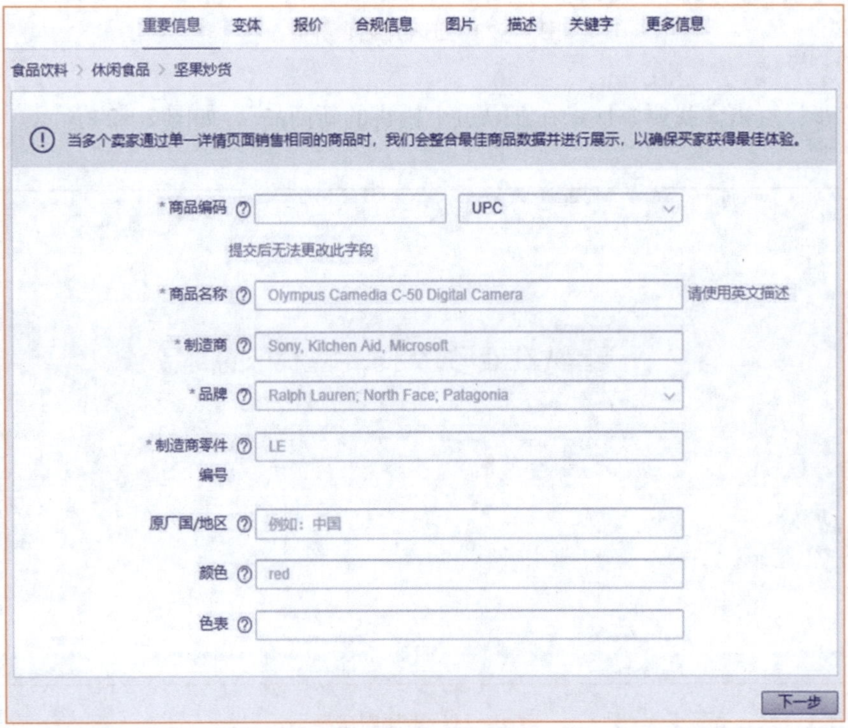

图 2-26　商品重要信息编辑

第六步：填写"变体"模块，如商品有多个型号、多个颜色、多个尺寸等，需要创建一条变体 Listing 显示商品，如图 2-27 所示。

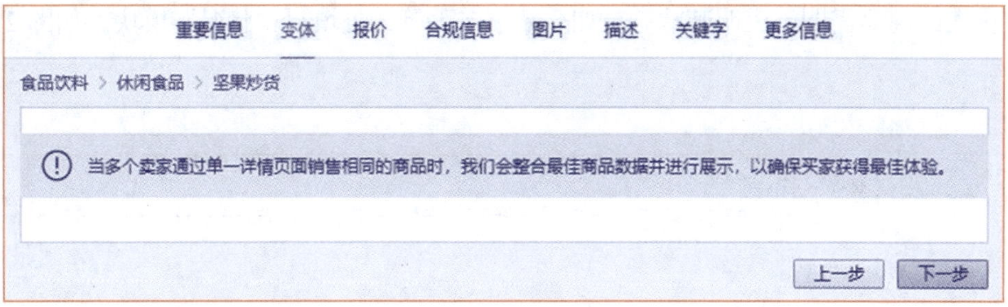

图 2－27　选择变体主题

第七步：填写“报价”模块，如图 2－28 所示。

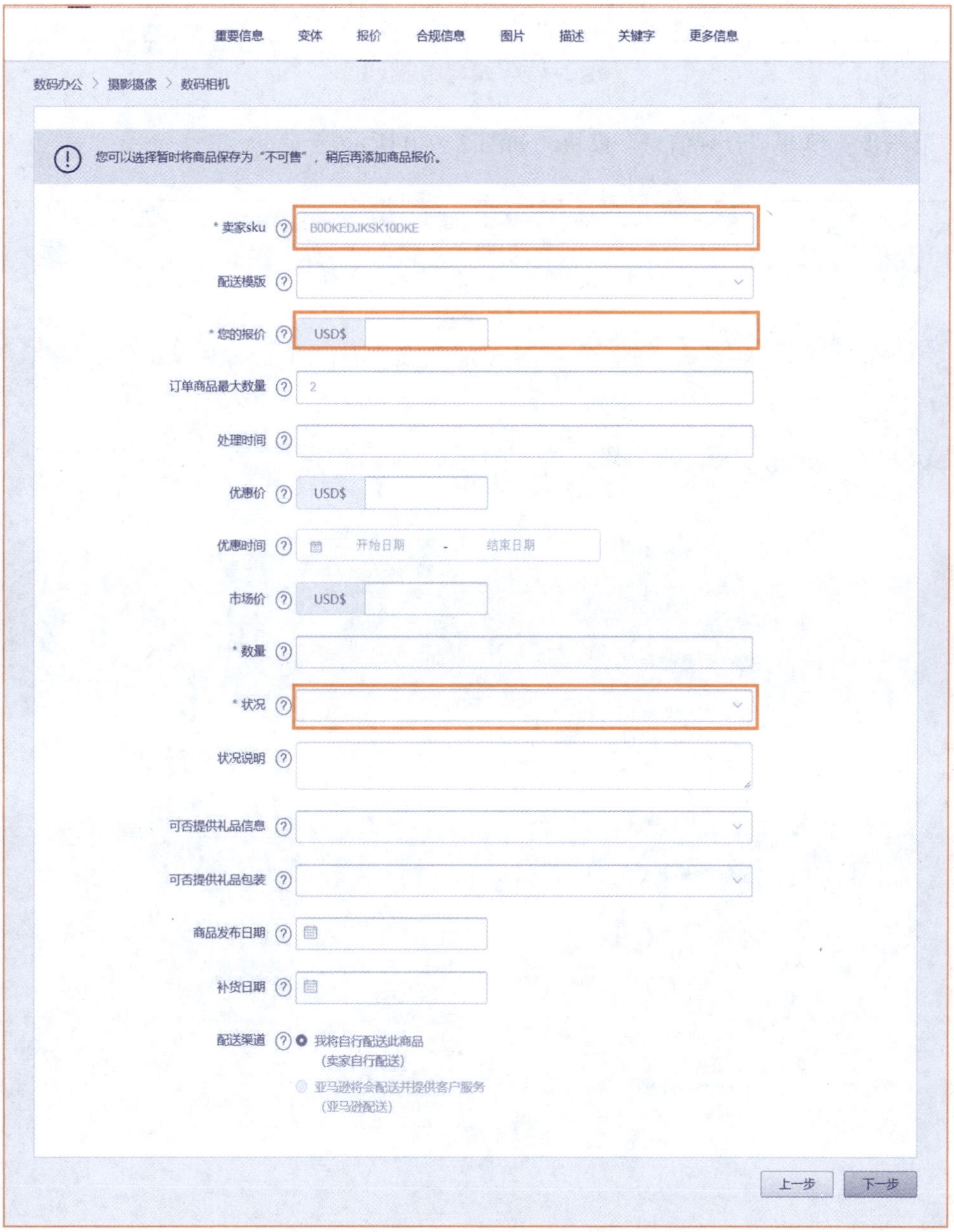

图 2－28　填写报价

售卖的商品需明确表明其状态，如全新、二手等，可填写“状况”模块，如图 2－29 所示。

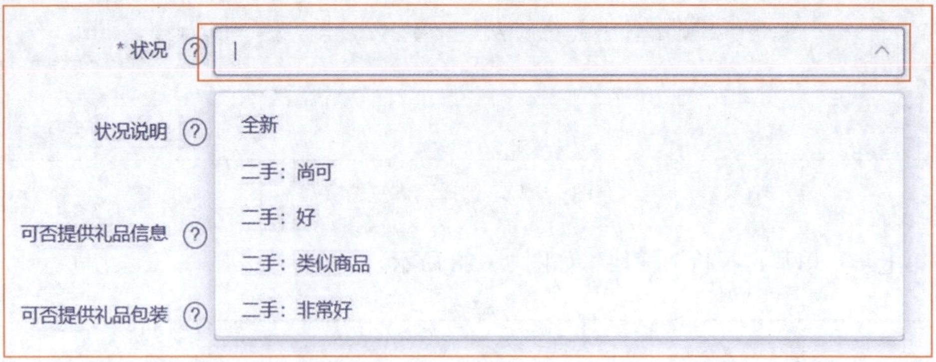

图 2－29　填写商品状况

第八步：填写“合规信息”模块，如图 2－30 所示。

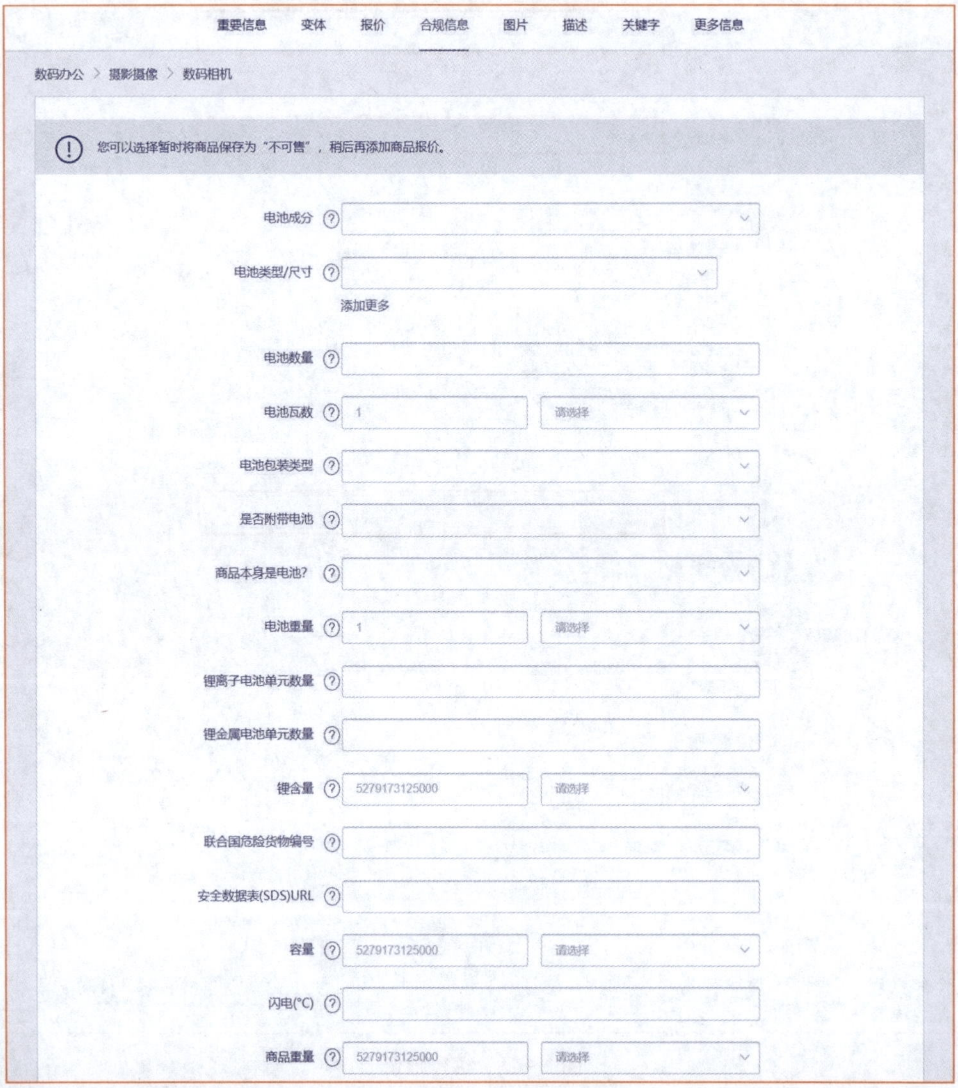

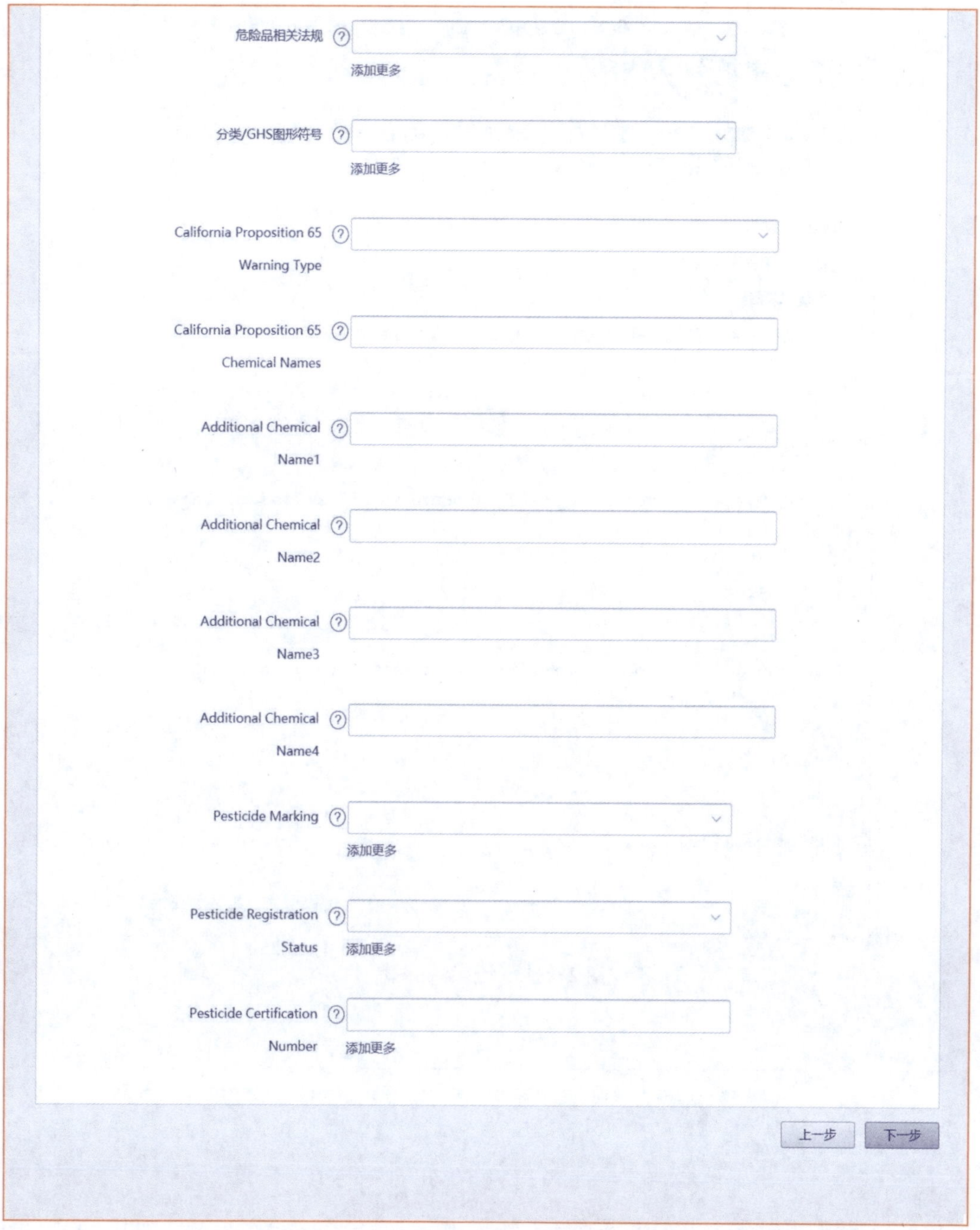

图 2－30　填写商品合规信息

第九步：在“图片”模块中上传商品图片，如图 2－31 所示。

第十步：填写“描述”模块信息，如图 2－32 所示。

第十一步：填写“关键字”模块，如图 2－33 所示。

第十二步：填写“更多信息”模块，如图 2－34 所示。

第十三步：成功上传商品后，在“库存”—“库存管理”进行后续的操作。

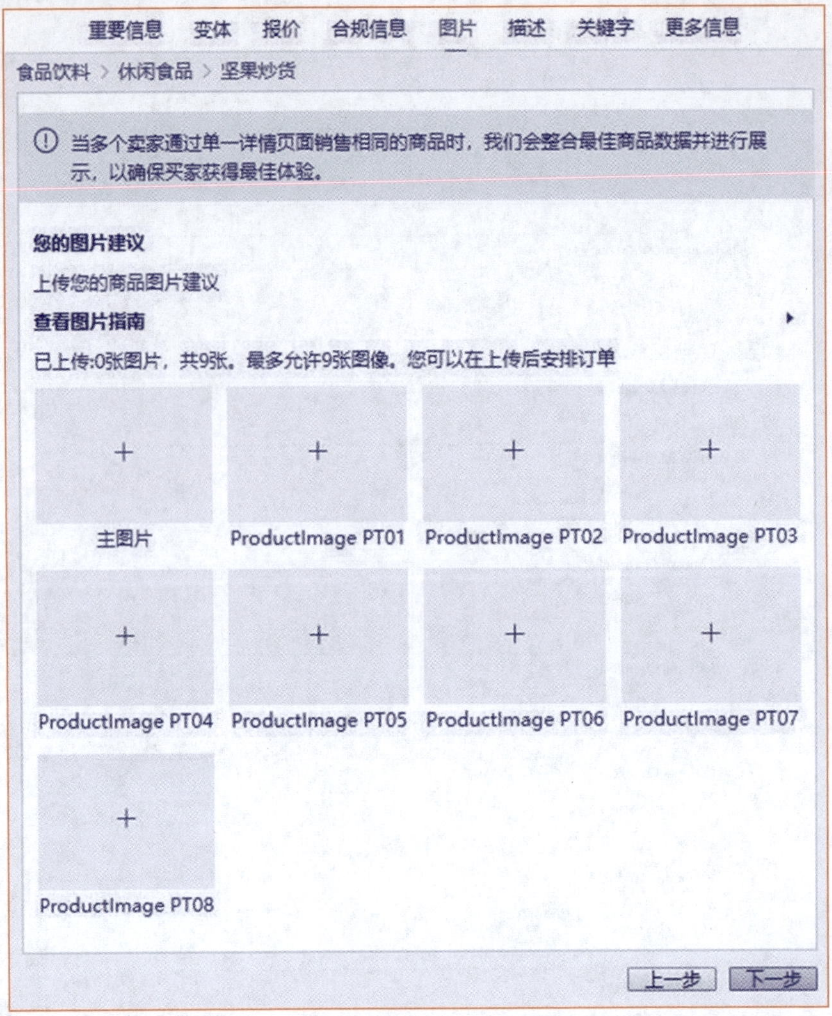

图 2－31　上传商品图片

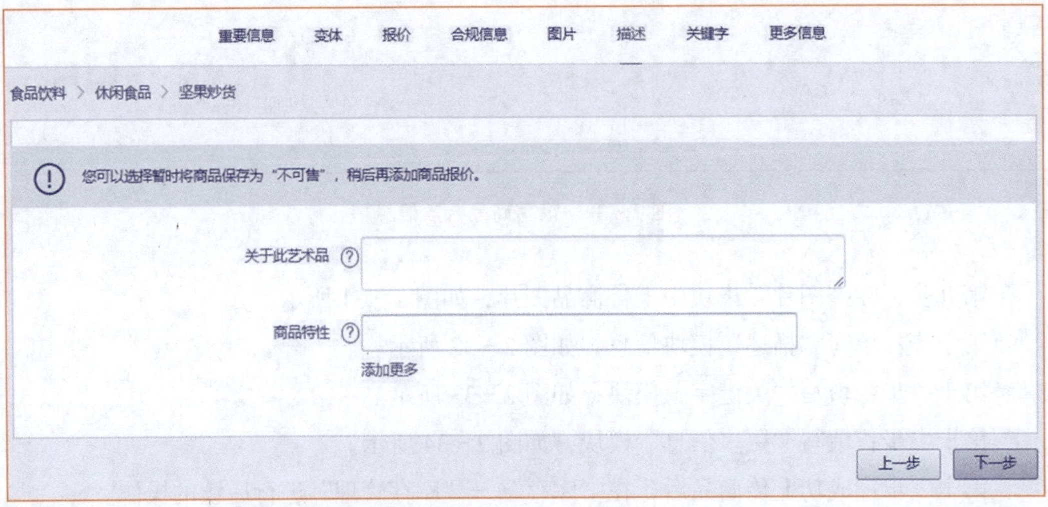

图 2－32　填写商品描述

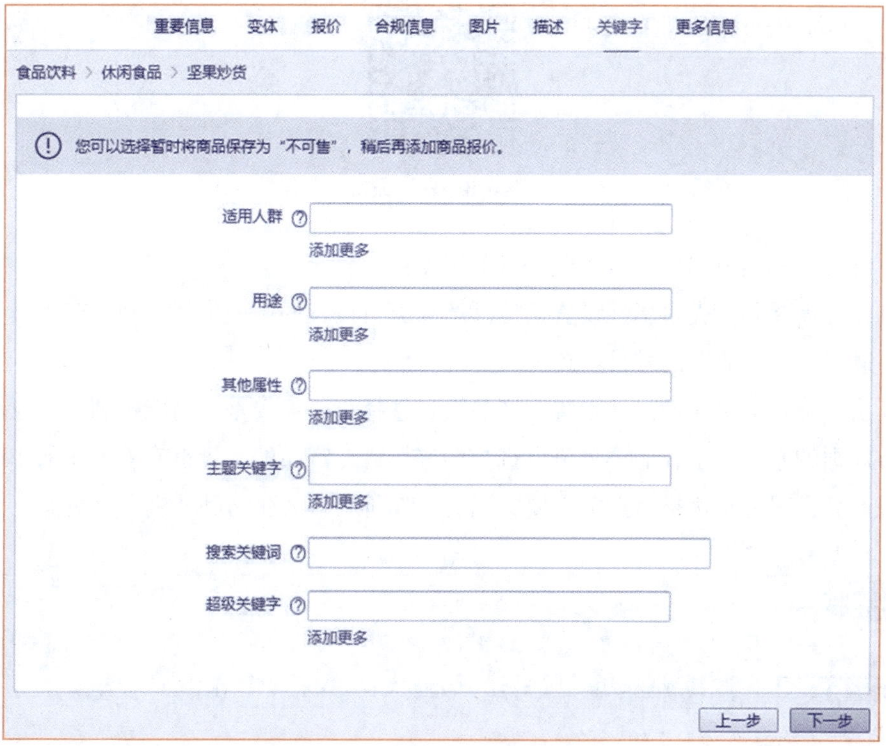

图 2-33　填写商品关键字

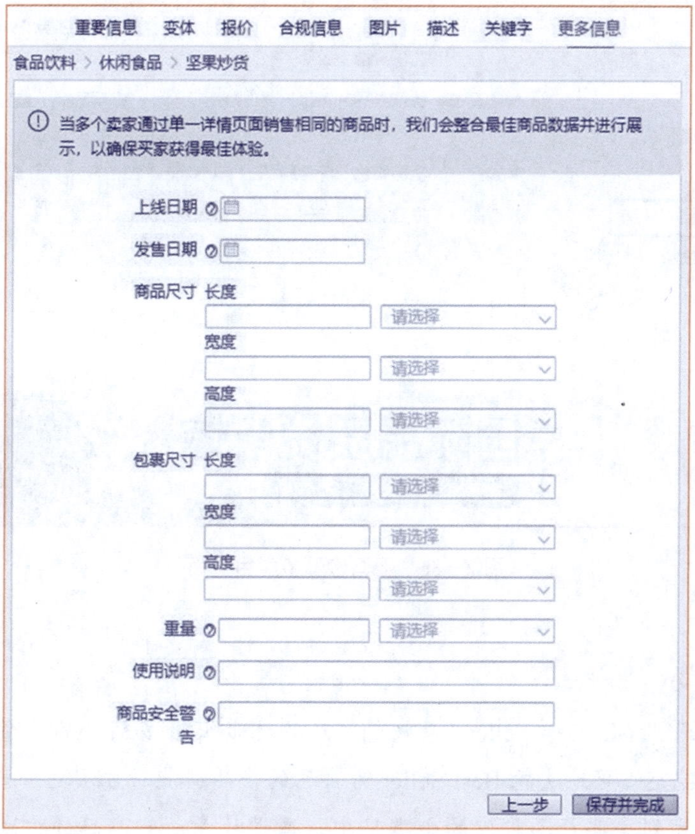

图 2-34　填写更多商品详情

eBay、速卖通平台产品上架流程

在设置产品类目中，卖家要做好以下两点：

首先，需要确保类目属性设置正确。产品类目设置的第一步就是确保产品设置类目与亚马逊平台要求放置的类目一致。

其次，确保类目属性最优设置。产品类目选择正确仅仅是产品能顺利通过亚马逊平台发布规则的基本要素，而类目节点选择的好坏，对产品的销量也有着不小的影响。那么，把产品设置为最优类目至关重要，图 2－35 所示即为亚马逊耳机类目页面。

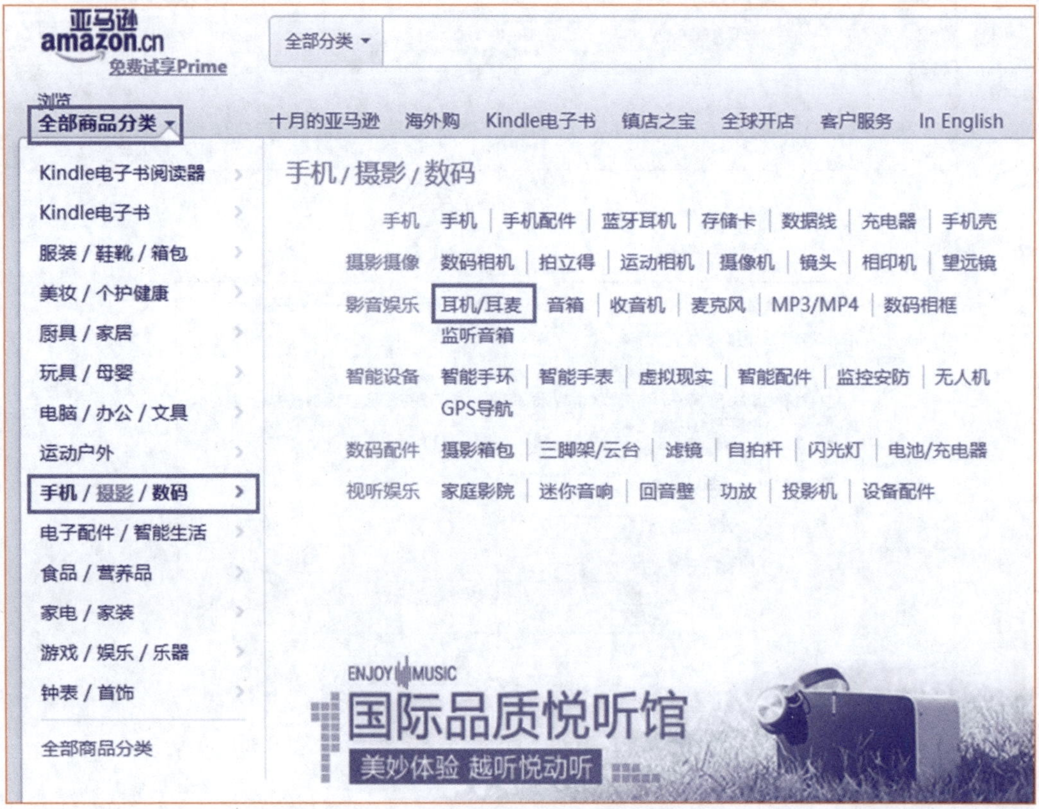

图 2－35　亚马逊耳机类目页面

温馨提示

在亚马逊平台，Best Seller（最畅销）产品会带来很多额外的流量扶持，所以很多卖家就挖空心思地去抢 Best Seller 为自己的产品引流。方法之一就是通过将自己的产品放置到一些产品较少的小类目中，通过故意放错类目的方式来争夺 Best

Seller 小标志。注意要点：类目放不准，产品难展示。

（二）优化类目设置

在产品的销售过程中，亚马逊会根据消费者的搜索路径、商品详情页、标题等相关内容，对产品的类目进行调整，而有时平台系统为了增加新的类目，也会自动更改产品类目的节点路径。

新的类目节点不会拉动或几乎不影响产品的销量，但系统误判将类目节点修改到不相干的类目，则有可能导致销量大幅下滑。

在遇到产品的类目节点被修改，新类目与上架产品不一致时，卖家该如何处理呢？

避免和处理类目错放的情况有五个优化方向：分析竞品类目设置、采用批量表单上架产品、覆盖全面的产品类目、优化产品 Listing 以及联系客服。

优化方向一：分析竞品类目设置。找到平台竞争对手销量最高的产品，通过产品 Listing 页面来获取对应产品类目设置。

优化方向二：采用批量表单上架产品。通过批量表单的方式上架，可以选择更加精准的类目节点，带来的流量也更加准确，相对应的转化率也更高。

优化方向三：覆盖全面的产品类目。在亚马逊平台政策允许的情况下，应该尽量将产品的类目全部加到产品中来。亚马逊规定每个产品最多能有三个产品类目节点，而在上传产品时，默认只有一个类目节点，这就需要我们开个 Case（联系亚马逊获得在线帮助），让客服将其他的节点加到我们产品上来。

优化方向四：优化产品 Listing。一个是否精准的 Listing 在很大程度上决定了产品是否进入精准的类目，而精准的类目节点会带来精准的流量和订单。

优化方向五：联系客服。研究竞品的类目节点路径，将合适的类目路径提供给客服。如果存在之前更改类目节点的 Case 记录，亚马逊的客服有可能会拒绝帮你修改，那就通过精准举报，将产品类目更改后的销量截图提交给平台客服人员，用对比数据告知客服，产品在更改类目节点的销量差距，有必要对类目进行再次修改或变更原类目。

案例解析

Jungle Snugs 店铺主图设计

- 店铺：Jungle Snugs
- 产品：婴儿用毛巾
- 主题：主图优化设置

案例详情 阅读行业典型案例，带给你一点点灵感！

Jungle Snugs 是亚马逊上一家知名的经营母婴用品的店铺，在主图设计方面，Jungle Snugs 值得很多卖家参考学习。以下是 Jungle Snugs 店铺一款婴儿用毛巾的主图，这些图片分别起着什么作用？

1

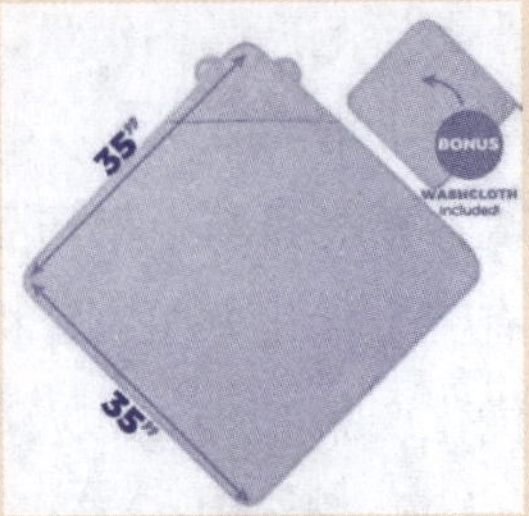

2

3

4

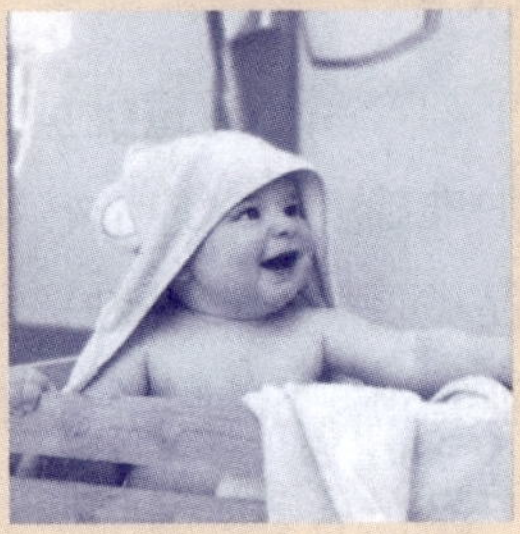

5

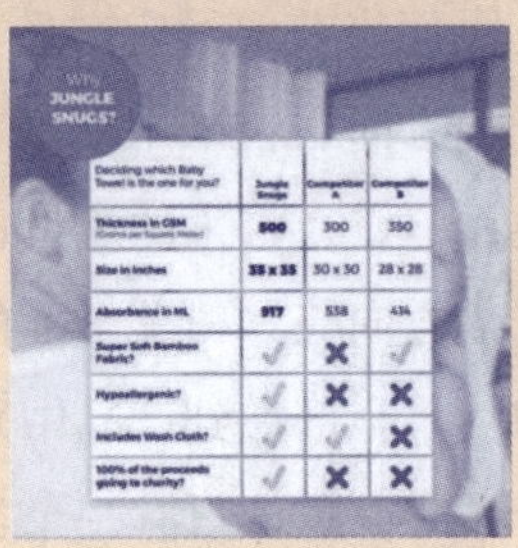

6

图 1 和图 5 既有产品展示，又有产品上身状态的展示，能增强买家的点击率和购买欲；图 2 的作用是让买家了解产品的尺寸信息，图 3 的作用是让买家了解产品细节品质，图 4 是展示产品的包装细节，三者都是为了让买家更了解产品；图 6 是将自家产品和竞品进行功能对比，展示自家产品优势，吸引买家购买。

工作实施

产品页面的设置是产品上架前的重要准备工作，卖家需要根据店铺和产品的特点来设计产品主图和产品描述，使之更符合平台要求和买家需要。

本阶段实践活动及成果要求如下：

<table>
<tr><td colspan="2">实践活动 3：产品主图制作

活动情境：店铺在安排产品上架前，除了关键词的撰写，现还需小鹿根据商品主图规范，制作出合适的产品主图。
工具 / 环境：跨境 B2C 实训平台；有网络的电脑机房。

活动实施流程：

处理素材 → 添加投影效果 → 导出主图</td></tr>
<tr><td colspan="2">实践活动 4：撰写产品描述

活动情境：新品的产品页面设置还缺少产品描述，现需要小鹿充分了解产品作用，提炼产品对买家的益处，完善产品描述。
工具 / 环境：跨境 B2C 实训平台；有网络的电脑机房。

活动实施流程：

了解产品作用 → 分析对买家的益处 → 完善产品描述</td></tr>
<tr><td>阶段成果</td><td>完成产品主图制作
完成产品描述撰写</td></tr>
</table>

引导问题 5：简单描述白底主图和功能性主图的主要特点，填入表 2－7。

表 2－7　主图特点表

白底主图	功能性主图

引导问题 6：如何打造一张高点击率的白底主图？

____

____

____

温馨提示

高点击率主图特点

（1）纯白背景：有些平台的算法会检测主图是否为纯白色背景（如亚马逊），限制非纯白背景的主图展现，甚至让其无法显示；如果平台不强制要求白底主图的，可以不需要纯白背景。

（2）尽量多占据主图空间：商品最大程度呈现在搜索结果页面，适当留白。

（3）避免使用正视图：使用 15°～45° 的图片，展现出商品的立体感。

（4）不同材质商品使用不同的灯光效果：针对不同材质的商品采用不同的布光布景，让产品图片更具质感，更好地凸显细节，提升图片质量。

（5）添加阴影、投影效果，让产品更具立体感。

引导问题 7：功能性主图主要包含：________、________、________、操作图、________、颜色 / 包装 / 配件图、内部构造图。

引导问题 8：辨别以下 2 张图（见图 2－36、图 2－37）分别突出哪一类功能，________________；________________。

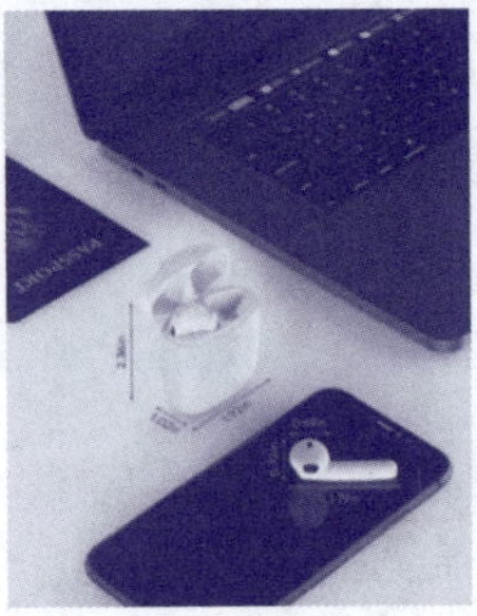

图 2－36　耳机功能性主图（1）

图 2－37　耳机功能性主图（2）

引导问题 9：简述 FBA 法则。

____

____

引导问题 10：在产品描述中，如何做到让买家轻松阅读，提升买家体验感？

____

____

温馨提示

产品描述中，提升买家体验的技巧

（1）使用简单句：复杂的句子结构和单词会导致买家难以理解。

（2）注意分段排版：分段分点描写能降低买家阅读负担，一长串的英文非常影响阅读。

（3）少用形容词：产品描述要把产品重点信息传达给买家，应该多用具体的名词、动词，少用抽象的形容词。

课堂测验

产品页面设置

1.【单选】下列选项中，关于主图优化的描述正确的是（　　）。

A. 使用正视图能看清商品的全貌

B. 精心设计主图背景，能让主图更加美观

C. 要尽量让商品占据主图空间

D. 亚马逊主图尺寸通常为500×500

2.【单选】如果要展现针织衫的面料材质，采用（　　）比较合适。

A. 尺寸图　　B. 功能图

C. 内部结构图　　D. 细节图

3.【多选】功能性主图的类型包括（　　）。

A. 尺寸图　　B. 功能图

C. 场景图　　D. 纯白图

4.【判断】功能图要着重展示买家最为在意的产品功能。（　　）

5.【判断】在没有拍摄条件的情况下，可以将其他平台商家的同款商品主图拿过来使用，这样不仅能最大程度上避免追责，而且减少了拍摄支出，经营风险大大降低。（　　）

6.【简答】想要提高主图的点击率，需要遵循哪些原则？

____

____

____

____

评价反馈

评价方式采用多元化评价，评价主体由学生、小组、教师与企业构成，评价标准、分值及权重如下。

1. 学生以小组为单位，对本工作任务的实施过程与结果进行互评，将互评结果填入表 2－8 中。

表 2－8　学生互评表

评价项目	评价标准	分值	得分
团队素养	小组成员间合作紧密，能互帮互助	15	
	工作计划周密，组织有序	15	
	态度端正，有较强的吃苦耐劳精神	10	
工作情况	工作效率突出	20	
	工作成果完整且质量达标	30	
	严格遵守相关工作守则和法律法规	10	
合计		100	

2. 教师对学生工作过程与工作结果进行评价，并将评价结果填入表 2－9 中。

表 2－9　教师评价表

评价项目	评价标准	分值	得分
专业能力	能准确筛选出 TOP5 关键词	10	
	能撰写出合格的产品标题	10	
	能设计出符合规范的产品主图	10	
	能在产品描述撰写中展现产品卖点	10	
任务实施情况	能按时提交工作任务	10	
	提交的工作活动成果质量情况	10	
	工作目标达成情况	15	
	关键技能的掌握情况	10	
情感素养	学习态度认真、细致、严谨	5	
	课堂讨论参与主动性	5	
	养成及时复盘和迭代的习惯	5	
合计		100	

3. 企业对小组工作过程与工作结果进行评价，并将评价结果填入表 2－10 中。最后将综合评价结果填入表 2－11 中。

表 2－10　企业评价表

达成关键结果	分值	得分
KR1：为连衣裙撰写一条产品标题	30	
KR2：为连衣裙设计一张白底主图	30	
KR3：为连衣裙撰写产品描述	40	

表 2－11　综合评价表

综合评价	小组互评（20%）	教师评价（50%）	企业评价（30%）	综合得分

典型工作任务03

订单处理

想创科技 跨境电子商务企业工单

订单编号：LK00200103

<table>
<tr><td>工作任务</td><td colspan="8">亚马逊店铺订单处理</td></tr>
<tr><td>派单企业</td><td colspan="4">想创科技</td><td colspan="2">截止日期</td><td colspan="2"></td></tr>
<tr><td>接单人</td><td colspan="4"></td><td colspan="2">负责导师</td><td colspan="2"></td></tr>
<tr><td>工单描述</td><td colspan="8">本工单依据跨境电商企业的典型工作任务制定开发，主要面向跨境电商客服专员岗位，培养跨境电商客服人员的订单跟踪与订单反馈能力，助其提升专业技能，积累实操经验</td></tr>
<tr><td rowspan="5">企业目标</td><td colspan="8">OKR 即目标与关键成果，是一种企业管理方式，以过程性考核为核心，关键结果“可量化、可追踪”</td></tr>
<tr><td colspan="2">目标（Objective）</td><td>O</td><td colspan="5">跟踪 10 个订单从订单生成到订单结束的全流程</td></tr>
<tr><td colspan="2" rowspan="3">关键成果（Key Result）</td><td>KR1</td><td colspan="5">为 10 位买家发货</td></tr>
<tr><td>KR2</td><td colspan="5">发送 10 封发货通知邮件</td></tr>
<tr><td>KR3</td><td colspan="5">为 10 位买家提供物流追踪信息</td></tr>
<tr><td>工作职责</td><td colspan="8">• 及时跟进订单状态，并反馈买家对订单进度的查询
• 负责处理订单所产生的一系列问题，包括打包装捡、确认发货、取消订单、退款订单等问题
• 跟踪买家的最终付款情况</td></tr>
<tr><td rowspan="2">工作内容</td><td>① →</td><td>订单跟踪</td><td>② →</td><td>订单处理</td><td>③ →</td><td>订单查询</td><td>④ →</td><td>订单反馈</td></tr>
<tr><td>⑤</td><td></td><td>⑥</td><td></td><td>⑦</td><td></td><td>⑧</td><td></td></tr>
<tr><td>工作难度</td><td colspan="8">☐简单 ☑一般 ☐偏难 ☐困难</td></tr>
<tr><td>完成确认</td><td>序号</td><td colspan="5">检查事项</td><td colspan="2">教师签名</td></tr>
<tr><td></td><td>1</td><td colspan="5">对本工作的任务要求是否明确</td><td colspan="2"></td></tr>
<tr><td></td><td>2</td><td colspan="5">是否及时跟进及了解订单状况，并反馈买家对订单进度的查询</td><td colspan="2"></td></tr>
<tr><td></td><td>3</td><td colspan="5">是否根据订单信息，完成发货</td><td colspan="2"></td></tr>
<tr><td></td><td>4</td><td colspan="5">是否完成发送发货邮件通知</td><td colspan="2"></td></tr>
<tr><td></td><td>5</td><td colspan="5">是否了解其他平台的订单操作流程</td><td colspan="2"></td></tr>
<tr><td></td><td>6</td><td colspan="5">是否完成异常物流情况的邮件沟通</td><td colspan="2"></td></tr>
<tr><td></td><td>7</td><td colspan="5">是否达成本工单的企业目标要求</td><td colspan="2"></td></tr>
</table>

注意事项：

1. 请严格按照工单内容要求进行项目实践，不得随意更改工作流程。
2. 在完成工作内容后，请进行清单自检，完成请打√。

学生签字：

学习目标

知识目标

1. 了解电商后台查找订单信息的方法
2. 掌握不同订单状态的跟进及处理方式
3. 掌握不同异常物流情况的沟通邮件撰写方向
4. 了解不同物流的快递查询方式
5. 掌握与买家沟通货物延迟情况时的注意要点

能力目标

1. 能够完成订单的物流跟踪
2. 能够处理不同的订单状态
3. 能够完成订单反馈的邮件撰写
4. 能够完成异常物流情况的处理

思政目标

1. 培养爱国主义精神
2. 形成尊师重道、德品先行的观念
3. 建立正确的情感价值取向及良好人格
4. 形成细致的工作态度和解决问题的能力

任务书

针对订单处理工作，下方梳理出了学生的学习流程，并制订了实践计划，同学们可依据该计划实施实践活动。流程图如图 3－1 所示，学习任务见表 3－1。

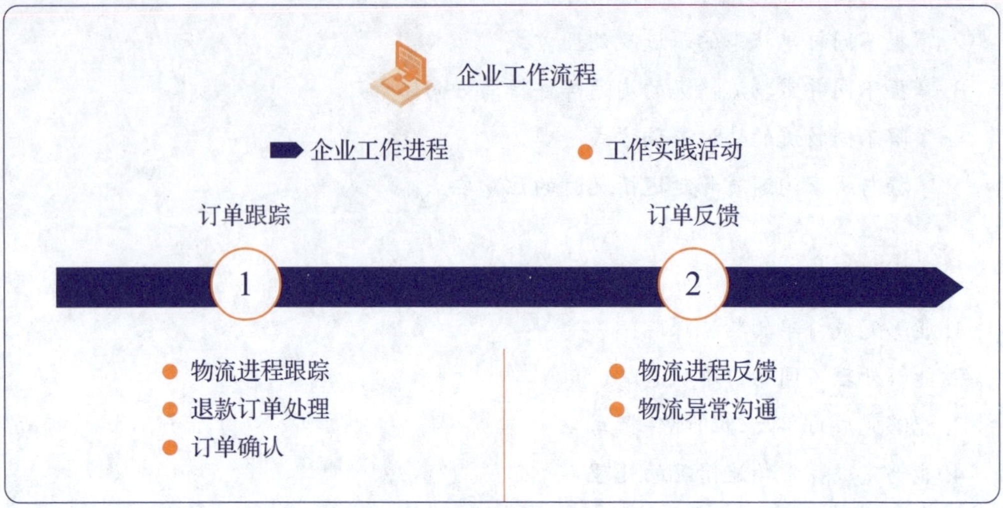

图 3－1　订单处理学习流程图

表 3－1　学习任务

序号	学习任务	学习任务简介	学习要点	实践活动
1	订单跟踪	依据不同的订单状态，判断买家的沟通需求，撰写相应的沟通邮件	（1）能够根据平台物流规则和买家要求，选择合适的物流方式并完成货运单号申请和发货通知的填写 （2）能够熟练处理合并订单、超重货订单拆分、缺货订单拆分、订单地址错误、缺货采购通知等问题 （3）能够根据国家法律法规要求和平台政策，合理填写订单报关信息	订单确认 退款订单处理 物流进程跟踪
2	订单反馈	依据异常物流情况，正确应答买家关于物流查询的问题，反馈买家对订单进度的查询	（1）能够处理交运异常订单，与物流商沟通解决问题，重新发货 （2）能够及时处理退货退款订单，对退回包裹进行核验，判断能否重新入库上架	物流进程反馈 物流异常沟通

任务分组

针对店铺产品上架的工作任务，同学们可以按照具体情况进行任务分配，并将小组成员名单记录在表 3-2 中，以小组的形式完成工作任务。

表 3-2　学习任务分配表

班级		组号		指导老师	
组长		学号			
组员	姓名	学号	姓名	学号	
任务分工					
在明确工作任务后，将小组成员分工明细填写在下方：					

工作准备

1. 阅读任务书，理解学习计划中的学习要点及学习任务要求；
2. 提前掌握翻译工具的使用方法；
3. 结合任务书分析订单处理的难点和常见问题。

任务一 订单跟踪

内容提要

店铺订单产生后，就需要客服人员及时跟进订单状态。客服人员需依据不同的订单状态，判断买家的沟通需求，撰写相应的沟通邮件。

知识充电站

一、订单状态

订单一旦生成就会产生与订单有关的一系列问题，包括打包装捡、确认发货、取消订单、退款订单等问题。卖家及时跟进了解订单状况，能够减少不必要的纠纷与失误。

订单状态主要掌握以下两点内容：常见订单状态和订单流程。

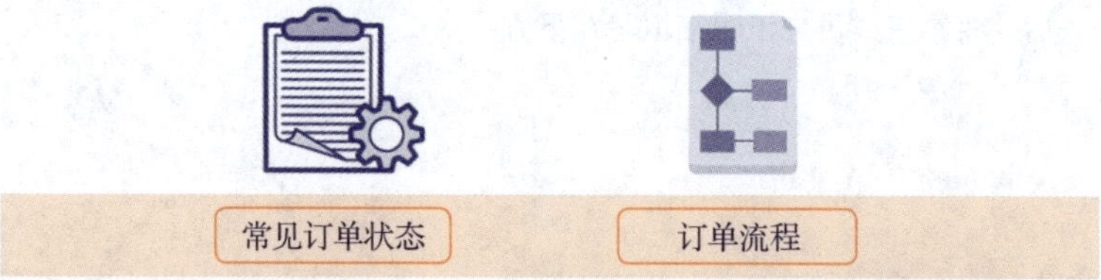

（一）常见订单状态

要做好订单跟踪，首先要了解订单的状态，并理清状态间的逻辑关系。恰当处理每个订单状态，是跨境卖家做订单管理的难点。

订单状态有多种，常见的订单状态有以下 6 种：未付款、待发货、运送中、已完成、已取消以及退款 / 退货。

（1）未付款，即等待买家完成付款的订单；

（2）待发货，即买家已付款，等待卖家发货；

（3）运送中，即完成发货的商品，变更为运送中状态；

（4）已完成，即买家已确认收货，或订单时间超过平台预设的收货天数；

（5）已取消，即被买家、卖家或平台取消的订单；

（6）退款 / 退货，即买家申请退款 / 退货状态的订单。

（二）订单流程

一个完整的订单流程，从下单到完成要经过不同的订单状态。不同的订单流程对应不同的订单状态，如图 3－2 所示。

图 3－2　订单流程与订单状态

二、订单处理

卖家最关心的就是店铺订单。运营店铺的日常工作之一就是查看新的订单、处理订单、安排发货等，订单处理也是影响店铺绩效指标的重要因素。订单处理主要掌握以下两点：

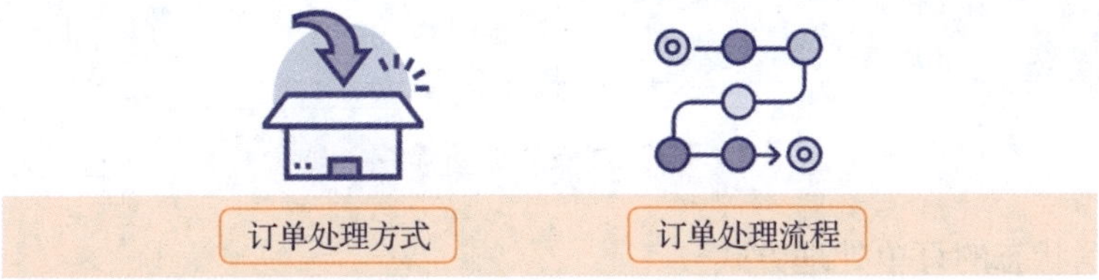

（一）订单处理方式

不同的订单状态，对应不同的处理方式。下面重点介绍未付款、待发货、已取消以及退款 / 退货这 4 种订单状态的处理方式。

1. 未付款状态的订单处理方式

对于未付款的订单，要及时跟买家沟通，以免订单因未及时付款，或者因为买家犹豫而被取消。卖家可以通过邮件给买家发送付款提醒。邮件示例如图 3－3 所示。

协商模板

Dear customer,

I am glad that you like our products. We see that you have placed an order but have not paid yet. Have you encountered any trouble during the payment process? Please inform us in time so that we can help you, thank you:)

Best regards,

×××

尊敬的顾客，

很高兴您喜欢我们的产品，我们看到您已经下单了但还没有付款，请问您是否在付款过程中遇到什么麻烦了呢？请及时告知我们以便我们为您提供帮助，谢谢：）

献上最美好的祝福

×××

图 3－3　客户未付款邮件示例

2. 待发货状态的订单处理方式

一般平台都有发货时间的限制，如果超过设定的发货时间，将会影响及时发货率。商品发出，就要尽快在订单处理页面填上物流相关信息。在完成商品发货后，给买家发送发货提醒，可以提高买家的消费体验。邮件示例如图 3-4 所示。

协商模板

Dear customer,

Thanks for your order. The product has been arranged with care.

You maytrace it on the following website after two days: www.17track.net

We treasure your business very much and look forward to serving you again in the near future.

Best regards,

×××

尊敬的顾客，

感谢您的订单。产品已经精心安排，两天后，您可以在以下网站上找到它：www.17track.net

我们衷心希望它能很快到达，欢迎您再次光临。

献上最美好的祝福

×××

图 3-4　商品发货通知邮件示例

3. 已取消状态的订单处理方式

如果买家取消订单，卖家可以尝试联系买家，了解具体取消订单的原因。如果能解决买家担心的问题，就还有机会挽回这笔交易。邮件示例如图 3-5 所示。

协商模板

Dear customers,

We saw that you want to cancel the order. If there is anything I can help you adjust the price, size, etc, please feel free to contact me. After payment is confirmed, I will process the order and ship it as soon as possible. Thank you!

Best regards,

×××

亲爱的顾客，

我们看到了您想要取消订单。如果有什么我可以帮助您调整价格、尺寸等的，请随时与我联系。付款确认后，我将处理订单并尽快将其发货。谢谢！

献上最美好的祝福

×××

图 3-5　订单被取消沟通邮件示例

4. 退款 / 退货状态的订单处理方式

卖家收到退货申请后，可以先跟买家协商，具体询问退货的原因，是全部退款、部分退款，还是给买家寄新的产品。协商好之后，可以执行全部退款、部分退款、关闭申请等操作，具体操作取决于与买家的协商。邮件示例如图 3-6 所示。

协商模板

Dear customers,

Thank you so much for your great support on us. So sorry for the inconvenience it caused.

Could I know the reason why you return the item? Are there any issues of our product?

If yes, could you sent the photo of the issues thus we can help you better and submit to QC.

Waiting for your reply.

Best regards,

×××

亲爱的客户，

非常感谢您对我们的大力支持。不便之处，敬请原谅。

我能知道您退货的原因吗？我们的产品有问题吗？

如果是，请您发送问题的照片，以便我们更好地帮助您并提交给质量控制部门。

期待您的回复。

献上最美好的祝福

×××

图 3-6　商品退款退货沟通邮件示例

（二）订单处理流程

卖家熟悉平台的操作与规则后，才能更好地进行订单处理。提高订单满意率和及时发货率，提供订单的全程跟踪信息，可以大大提高店铺服务水平与好评率，同时也能够减少售后问题。

1. 亚马逊订单处理

对于 FBA 的订单，卖家不需要做任何操作，亚马逊会负责产品的装捡、打包、配送。

而对于自发货 FBM 的订单，在订单生成后可以在后台“订单管理”看到订单详细信息，按以下步骤完成订单处理：

（1）产品出单。当买家将商品加入购物车并下单之后，卖家会收到出单信息。根据出单信息，卖家需要给订单发货。

（2）确认发货。卖家需要在管理订单选项，找到下单信息，并在下单信息中找到“确认发货”。

（3）输入信息。找到确认发货之后，卖家需要在确认发货页面填写相关信息，包括配送方式、配送日期、承运人信息、追踪编码等。填写完毕之后，便可以确认发货。

（4）上传物流单号。确认发货之后，卖家需要将包裹交给物流服务商，选择对应的物流渠道，上传物流单号，将包裹发往收件人。

（5）确认订单。操作完毕之后，卖家还需要再确认一下订单，看发货信息是否有错，确认信息无误就完成发货了。

FBM 后台发货截图如图 3-7 所示。

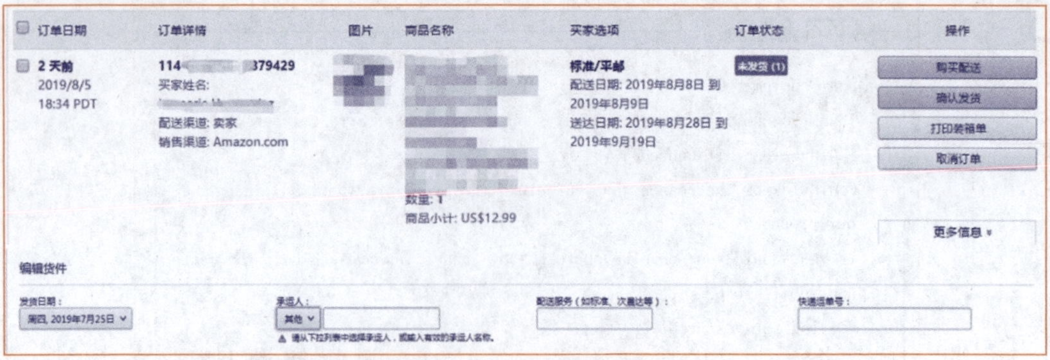

图 3－7　FBM 后台发货截图

2. FBM 取消订单的操作

FBM 订单可通过买家来信进行取消。当看到订单还没有打印包裹单号的，卖家自行作废就好。

但是，订单如果已经打印面单并将商品交给物流人员，卖家先设置订单为待审核，并做好备注：买家来信取消，再问下物流是否能拦截该订单（作废该单）。若能：登录后台 Cancel Order（原因都选 Buyer Cancelled）；若不能：告知买家尝试拦截但失败了，无法取消订单了（收到货后可以退回）。

取消订单时，需要注意的是，若是卖家单方面自行取消会影响订单取消率，平台要求店铺该指标不能超过 2.5%；此外，擅自取消订单有可能导致买家差评。

所以，必须要有买家发送取消订单的请求，卖家才能操作取消订单，并且原因都选“Buyer Cancelled”，如图 3－8 所示。

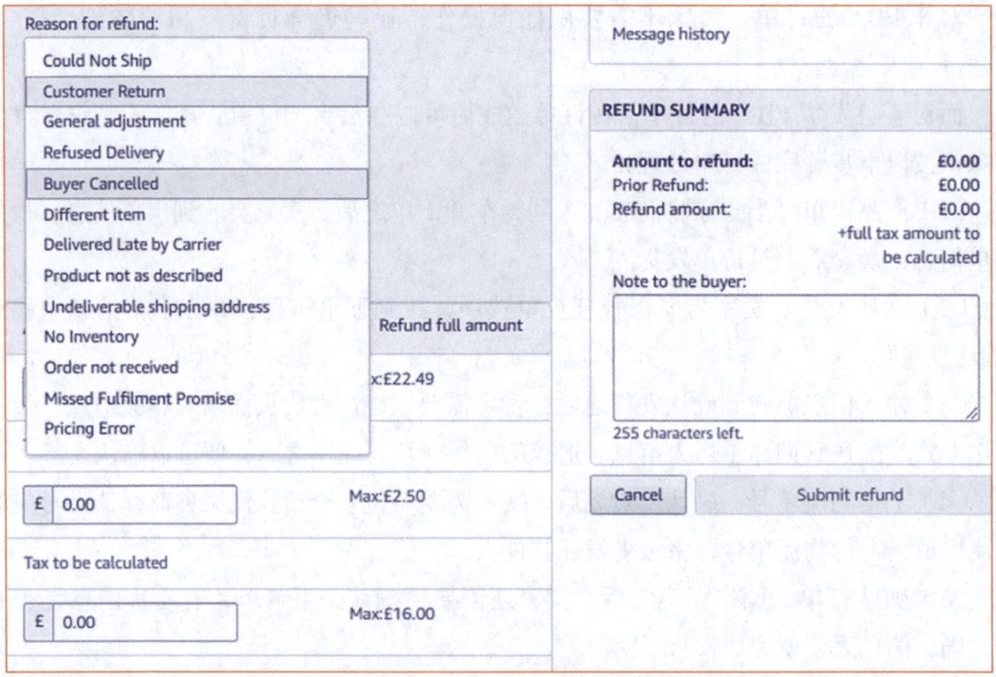

图 3－8　取消订单

eBay、速卖通平台订单处理流程

案例解析

顾客邮件沟通案例

- 物流渠道：国际 EMS
- 平台：eBay
- 价格：600RMB

案例详情 阅读行业典型案例，带给你一点点灵感！

买家下单付款一天后，虽然卖家已发货，但是平台上还未更新物流单号，买家以为还没发货，于是给客服发来邮件询问。

> Hi,
>
> Do you know when you're gonna ship my item?
>
> Thank you.

译文：

您好！请问您什么时候发货？

收到该邮件，你会如何回复？

分析：卖家刚发货，买家就问卖家发货情况的时候，首先卖家应回复买家发货单号，其次解释物流信息的更新会有延迟，希望买家再等一两天，单号很快就会生效。

回复：

Dear ×××,

Thank you for shopping with us.

Your order has been dispatched with tracking number ×××××××.

According to our experience, economy shipping could take up to 2-3 days before the tracking number becomes active. You can track the number on the website（www.17track.net）in a few days.

Your understanding and patience would be highly appreciated. Please always let us know if there will be anything else we can help you with.

Best regards

Becky

译文：

亲爱的×××，

感谢您的购买。

您的订单已经发出，您的运单号是××××××××。

根据我们的经验，在物品发出后2～3天您就可以看到物流信息了。您可以在www.17track.net查询物流信息。

感谢您的理解与耐心。如有任何问题，请及时联系我们。

最好的祝福

贝基

工作实施

店铺订单产生后，客服人员要及时查看订单状态，核实买家信息，跟进订单物流进程，并进行相应的沟通与订单处理。

本阶段实践活动及成果要求如下：

实践活动 1：订单确认

活动情境：小鹿是一家跨境公司的员工，大促期间公司订单比较多，领导让小鹿专注处理订单问题，现需要小鹿核对订单信息并与买家沟通订单进程。

工具 / 环境：跨境 B2C 实训平台；有网络的电脑机房。

活动实施流程：

核对订单信息 → 发送通知邮件 → 订单确认

实践活动 2：退款订单处理

活动情境：大促期间订单量剧增，冲动下单的买家也相对增加。有一买家在大促购物氛围下冲动下单，下单一天后，欲退款，现需要小鹿对退款订单进行处理，与买家沟通洽谈。

工具 / 环境：跨境 B2C 实训平台；有网络的电脑机房。

活动实施流程：

查看退款信息 → 了解退款原因 → 撰写协商邮件

实践活动 3：物流进程跟踪

活动情境：小鹿经过几天的辛勤工作，在所有订单信息确认后，开始安排发货。现小鹿需要对订单物流进程进行跟踪。

工具 / 环境：跨境 B2C 实训平台；有网络的电脑机房。

活动实施流程：

安排发货 → 查询物流信息

阶段成果	完成订单确认 完成退款订单处理 完成物流进程跟踪

引导问题 1：在跨境电商平台上，订单的状态通常有哪几种类型？不同账号之间有什么差异？

引导问题 2：不同状态的订单，与买家的沟通重点分别是什么？

引导问题 3：简要概括亚马逊订单处理流程。

引导问题 4：FBM 要如何取消订单？卖家自行取消会有哪些影响？

课堂测验

订单跟踪

1.【单选】如果买家在未付款阶段取消订单，订单会进入（　　）状态。

A. 退货 / 退款　　B. 已取消

C. 已完成　　D. 未付款

2.【单选】对于已经取消的订单，客服应该怎么做？（　　）

A. 尝试联系买家，了解取消订单的具体原因

B. 不予理会

C. 持续发邮件联系买家重新下单

D. 经常发送优惠券吸引买家下新单

3.【多选】在亚马逊平台，卖家单方面自行取消订单会有什么影响？（　　）

A. 影响订单取消率，该指标不能超过 2.5%

B. 影响店铺的曝光率

C. 有可能导致买家差评

D. 影响产品转化率

4.【判断】运送中的订单，只有买家确认收货，订单状态才会转变为已完成。（　　）

5.【判断】售后咨询比较多时，遇到同一订单多次询问物流信息的买家，可以不予理会。（　　）

6.【简答】简述亚马逊订单处理的步骤。

任务二 订单反馈

内容提要

客服人员正确应答买家关于物流查询、货物延迟和售后的问题，能够提高买家的购物体验并增强其信任感。

知识充电站

一、订单查询

在商品发出后，常常会有买家找客服人员查询订单物流问题。物流快慢不仅影响了买家的购物体验，还直接关系到店铺评分。卖家必须时刻关注物流动态，及时反馈买家的订单查询需求，避免异常物流造成损失。订单查询主要掌握以下两点：

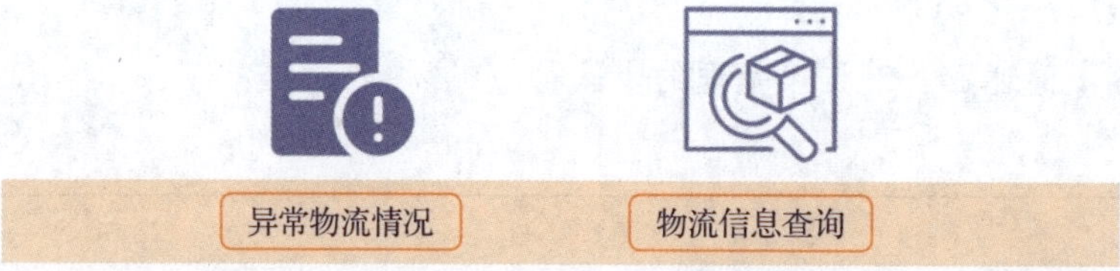

（一）异常物流情况

国际物流运输途中常常会出现意想不到的状况。由于跨境物流的特殊性，买家在购买商品后，难以了解商品的即时物流状态，如是否已经揽收、货物已经到达哪里等。卖家要做的就是实时监控物流信息，及时处理异常的物流情况。

一般来说，可能的异常物流情况有以下 5 种：货物丢件、节假日物流延误、物流信息更新慢、货物被海关扣押、天气等不可抗力因素导致货物延误。

（二）物流信息查询

一般来说，订单的物流信息查询方式有以下 3 种：

1. 通过电商平台查询

大部分电商平台的订单查询功能已经非常完善，卖家商品发出后，只需上传订单的物流商与快递单号，买家就能够通过后台的订单管理，查询到实时的物流信息。

2. 通过物流网站查询

若买家通过个人购物账户无法查询到物流信息，客服可以将快递单号和物流商告知买家。买家可以通过物流商名称和快递单号，进入物流商官网查询物流信息，也可以由客服查询后将结果告知买家。跨境电商常用的物流方式如表 3－3 所示。

表 3－3　跨境电商常用的物流方式

物流方式	网址	定义
国际 EMS	www.ems.com.cn	EMS 国际快递服务是各国（地区）邮政开办的一项特殊邮政业务。该业务提供传递国际紧急信函、文件资料、金融票据、商品货样等各类文件资料和物品服务，同时提供邮件跟踪查询服务。价格低，可邮寄食品、药品、私人物品等。
FedEx	www.fedex.com	FedEx（FedEx Express，联邦快递），是一家国际性速递集团，提供的服务包括运营快递、商业包装和场面交付、运营高速运输服务等，主要收入来自美国，主要的运输方式为航空运输。
UPS	www.ups.com	UPS（United Parcel Service，联合包裹运送服务公司），是全球领先的物流企业，提供包裹和货物运输。UPS 的主要服务区为美国、欧洲、亚洲等国家和地区，运输方式以陆运为主，也有国内航空等业务。
DHL	www.dhl.com	DHL 国际快递是全球知名的邮递和物流公司，业务遍布全球 220 个国家和地区，是全球国际化程度最高的公司，提供专业的运输、物流服务。
TNT	www.tnt.com	TNT（Thomas National Transport）集团是全球领先的快递和邮政服务提供商，总部设在荷兰。利用公司遍布全球的航空与陆运网络，TNT 提供全球门到门、桌到桌的文件和包裹的快递服务。

3. 通过第三方工具查询

除了在物流商官网查询快递信息，卖家还可以借助第三方工具查询。第三方平台常兼具查询多家快递公司物流信息的功能，省去了不同物流商需要打开不同官网的麻烦。

在跨境电商实际运营中，常用的第三方国际物流（International Logistics）查询平台有 17track、51tracking、AfterShip 以及 Global 全球物流跟踪。

（1）17track 平台介绍。

17Track（https://www.17track.net）专注于为全球用户提供国际挂号包裹查询、国际快递查询、国际物流查询等服务，平台首页如图 3－9 所示。其中，国际包裹查询网，覆盖世界上大多数国家，提供功能先进的国际快递、邮政包裹查询跟踪服务，包括全球邮政包裹、国际包裹、国际快递、TNT、UPS、DHL、FEDEX、GLS 等（一次最多查询 40 条记录）。

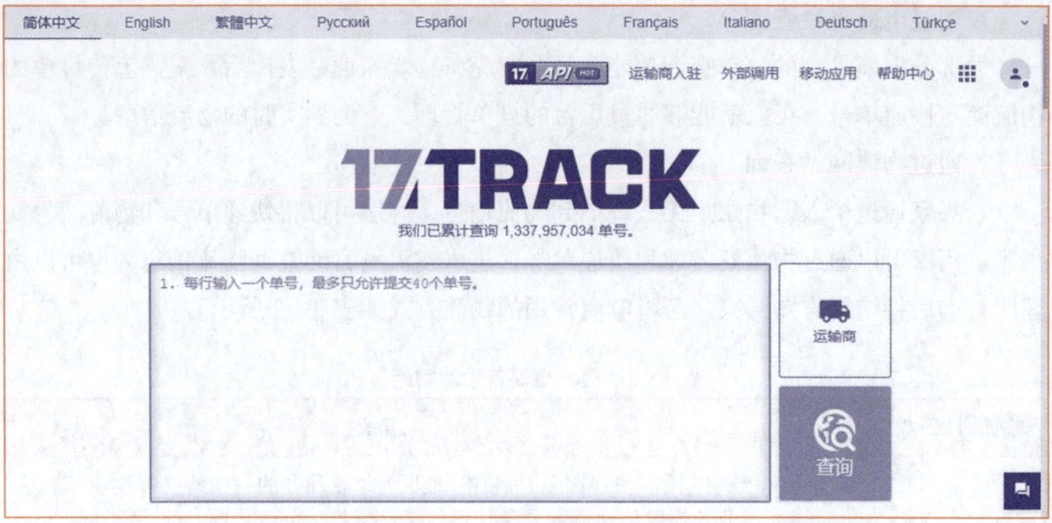

图 3－9　17Track 首页

（2）51tracking 平台介绍。

51tracking（https://www.51tracking.com）是国际快递查询平台，支持 700 多家国内外快递批量查询服务，包括全球邮政包裹、EMS、四通一达、DHL、UPS、FedEx、Aramex 等，并提供专业稳定的快递 API 查询接口（每天免费查询 100 个）。51tracking 平台首页如图 3－10 所示。

图 3－10　51tracking 首页

（3）AfterShip 平台介绍。

AfterShip（https://www.aftership.com）是国际市场份额第一的物流信息查询平台，链接全球 800 家物流商，涉及 30 多种主流语言业务体系。在线商家将它们的购物车或市场卖家账户与AfterShip链接，AfterShip会自动导入所有现有或未来包裹的跟踪号码，在线商家可以通过短信或电子邮件向买家发送定制的交付状态通知消息。AfterShip平台首页如图3-11所示。

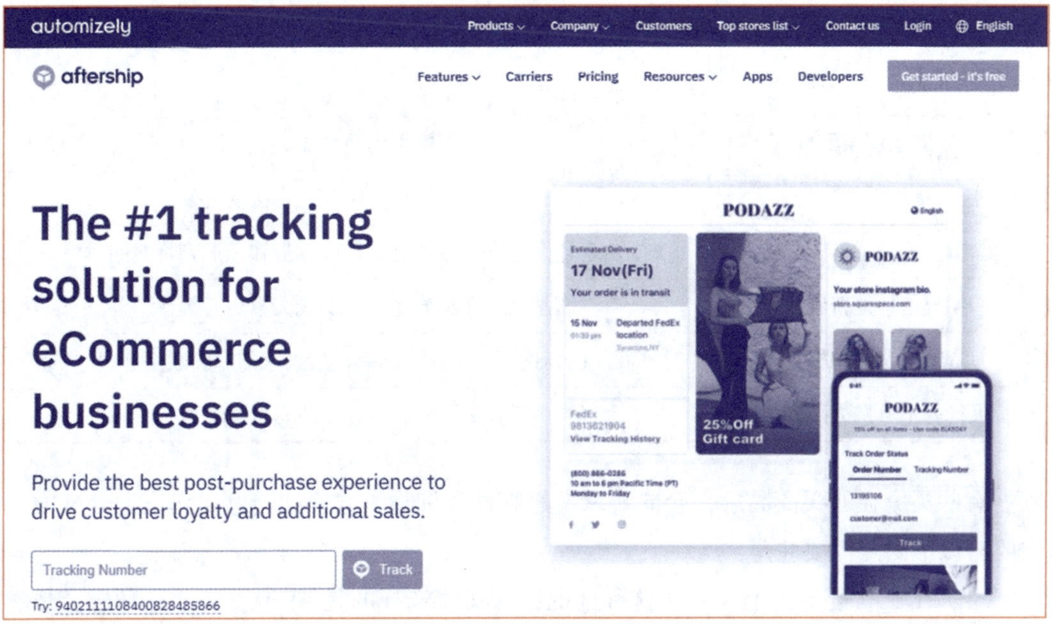

图3-11　AfterShip首页

（4）Global全球物流跟踪平台介绍。

Global全球物流跟踪（https://global.cainiao.com）是阿里巴巴菜鸟最新推出的全球跨境包裹物流信息查询平台，覆盖世界上大多数的国家，提供国际邮政包裹和快递的一站式跟踪服务。Global全球物流跟踪平台首页如图3-12所示。

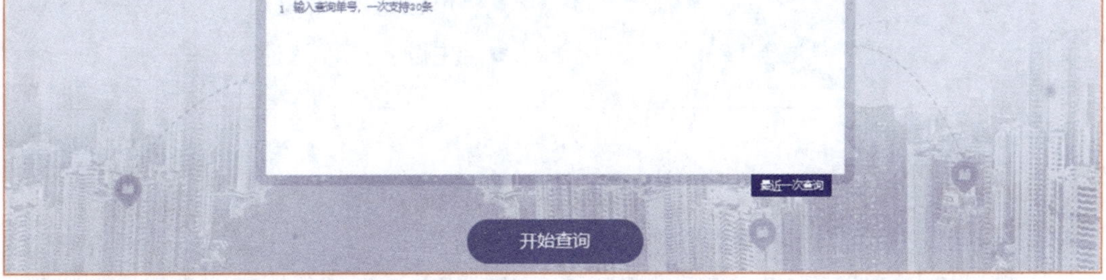

图3-12　Global全球物流跟踪首页

二、沟通回复

卖家追踪物流信息是为了更好地服务买家。卖家将获取到的最新物流信息告知买家，这样做可以避免因异常物流处理不及时，买家心生不满而产生纠纷、退款或者给差评的情况。当卖家核实物流信息后，需要通过邮件告知买家物流延误的原因，如表 3－4 所示。

表 3－4　物流延误原因与邮件沟通重点

物流延误原因	邮件沟通重点
货物丢件	物流丢失了货物，协商是否接受补发
节假日物流延误	由于什么节点导致了物流延误，告知预期到货时间
物流信息更新慢	商品已经在运输途中，安抚买家耐心等待
货物被海关扣押	商品已到达买家所在的国家，请买家与海关联系解决
天气等不可抗力因素	由于什么因素，导致了所有货物滞留

有些买家在购买商品后，会向卖家发送邮件咨询物流方面的问题。卖家的处理方式主要有以下两点需要注意：

（1）在亚马逊平台上，对于这种情况，若卖家选择的是 FBA 发货，亚马逊会帮卖家处理所有的客户服务和物流问题。因此，卖家可以和买家说明，让买家去询问亚马逊客户服务，让其提供解决方案。

（2）对于非亚马逊平台上的跨境电子商务卖家而言，多数时候需要客户服务人员帮助买家联系物流商家，索要快递单号并查询跟踪物流信息，再将准确的物流信息及时反馈给买家，并适当安抚其焦急等待的情绪。

案例解析

订单反馈邮件沟通案例

- 情境：物流异常沟通
- 角色：客服
- 主题：邮件沟通

案例详情　阅读行业典型案例，带给你一点点灵感！

预期五天能收到货物，但是买家下单一周后仍未收到货物，于是买家向客服发起第一次询问。

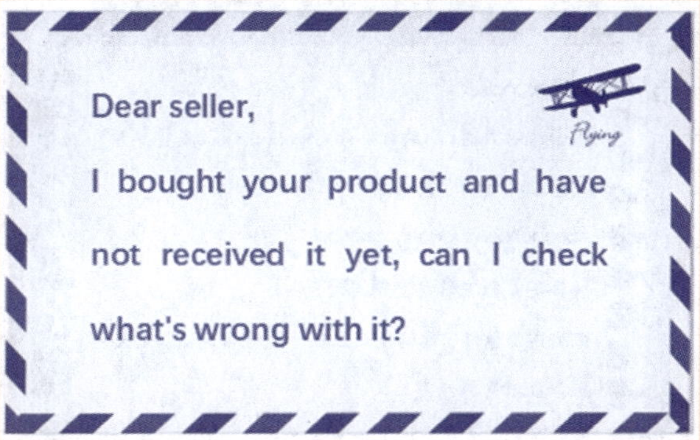

译文：

亲爱的卖家，我买了你们的产品，但到现在还没有收到我的包裹。你们能帮我查一下哪里出了问题吗？

当你遇到这种情况，你该如何回复客户？

分析：买家还没有收到包裹，有些着急。卖家应查询物流信息并将信息发给买家，解释物流状态，说明国际物流时间比较长，清关等其他流程比较麻烦，希望买家能多等几天。这样的回复比较周到，能缓解买家的焦虑。

回复如下：

Dear ×××,

Thanks for your communication.

Your tracking information is ××××××××××（发货单号）.

I've just tracked your parcel status and get following latest information:

×××××××××××××××××××××××××××××（将英文物流信息复制此处）

According to the tracking information, your parcel is on the air to the destination country. You will receive your parcel in a few days.

As we all know that International shipping requires more complicated shipping procedures, such as both countries' customs clearance, transit stations etc, it will probably take longer time for your item to arrive at the final destination.

Could you please wait a few more days?

Hope you can receive your item soon.

Best regards

Anna

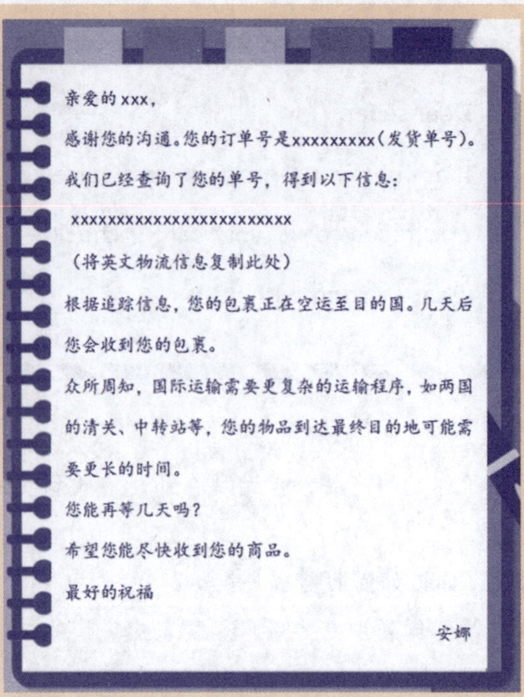

亲爱的xxx，

感谢您的沟通。您的订单号是xxxxxxxxx（发货单号）。

我们已经查询了您的单号，得到以下信息：

xxxxxxxxxxxxxxxxxxxxxxxx

（将英文物流信息复制此处）

根据追踪信息，您的包裹正在空运至目的国。几天后您会收到您的包裹。

众所周知，国际运输需要更复杂的运输程序，如两国的清关、中转站等，您的物品到达最终目的地可能需要更长的时间。

您能再等几天吗？

希望您能尽快收到您的商品。

最好的祝福

安娜

工作实施

卖家为买家提供有效的物流追踪信息，正确应答买家关于物流查询、货物延迟和到货后的问题，并反馈买家对订单进度的查询，能提高买家的购物体验并增强其信任感。卖家必须时刻关注物流动态，及时反馈买家的订单查询需求，避免异常物流造成损失。

本阶段实践活动及成果要求如下：

<table>
<tr><td colspan="2">

实践活动 4：物流进程反馈

活动情境：小鹿在订单发出三天后，接收到了某买家对于订单物流的询问，买家想知道还有多久货物能送达。小鹿查询了物流信息后，及时为买家提供有效的物流追踪信息，反馈买家对订单进度的查询。
工具 / 环境：跨境 B2C 实训平台；有网络的电脑机房。

活动实施流程：

接收买家物流询问 → 查看物流信息 → 反馈物流进程

</td></tr>
<tr><td colspan="2">

实践活动 5：物流异常沟通

活动情境：大促期间订单量剧增，有些货物难免会延迟发货。有位买家在下单 7 天后仍未收到货物，他特别气愤，询问小鹿物流异常的原因并表示想退款。现小鹿就物流异常的原因，与买家进行沟通，对买家情绪进行安抚。
工具 / 环境：跨境 B2C 实训平台；有网络的电脑机房。

活动实施流程：

查看退款信息 → 了解退款原因 → 撰写协商邮件

</td></tr>
<tr><td>阶段成果</td><td>完成物流进程反馈
完成物流异常沟通</td></tr>
</table>

引导问题 5： 简要描述物流异常的情况。

____

____

____

____

引导问题 6： 物流查询的方式有哪些？

____

引导问题 7：了解有哪些跨境物流方式，并写出至少三个物流商的名字及对应的网站地址。

引导问题 8：了解物流延误的原因及对应的邮件沟通重点，完成表 3-5。

表 3-5 物流延误原因与沟通重点

物流延误原因	邮件沟通重点
货物丢件	
节假日物流延误	
物流信息更新慢	
货物被海关扣押	
天气等不可抗力因素	

引导问题 9：与买家沟通货物延迟情况时，应尽力__________，在买家提出问题时__________，并为买家提供__________。

课堂测验

订单反馈

1.【单选】与买家沟通货物延迟情况时，不可取的态度是（　　）。

A. 尽力安抚买家　　B. 等买家气消了再回复

C. 第一时间回复买家消息　　D. 提供解决方案

2.【单选】货物由于天气等不可抗力因素被延误，卖家与买家沟通的重点应该是（　　）。

A. 由于什么因素，导致了所有货物滞留

B. 商品已到买家所在的国家，请买家与海关联系解决

C. 商品已经在运输途中，安抚买家耐心等待

D. 物流丢失了货物，协商是否接受补发

3.【多选】物流订单查询的方式包含（　　）。

A. 第三方工具查询　　B. 平台客服查询

C. 电商平台查询　　D. 物流网站查询

4.【填空】TNT 是全球领先的________提供商，它利用公司遍布全球的航空与陆运网络，提供全球________、________的文件和包裹的快递服务。

5.【判断】因异常物流处理不及时，某买家不满意而产生纠纷，给了差评。客服小明便发邮件联系买家删差评。（　　）

6.【简答】常见的物流异常情况有哪些？

____

____

____

____

评价反馈

评价方式采用多元化评价，评价主体由学生、小组、教师与企业构成，评价标准、分值及权重如下。

1. 学生以小组为单位，对本工作任务的实施过程与结果进行互评，将互评结果填入表 3-6 中。

表 3-6 学生互评表

评价项目	评价标准	分值	得分
团队素养	小组成员间合作紧密，能互帮互助	15	
	工作计划周密，组织有序	15	
	态度端正，有较强的吃苦耐劳精神	10	
工作情况	工作效率突出	20	
	工作成果完整且质量达标	30	
	严格遵守相关工作守则和法律法规	10	
合计		100	

2. 教师对学生工作过程与工作结果进行评价，并将评价结果填入表 3-7 中。

表 3-7 教师评价表

评价项目	评价标准	分值	得分
专业能力	能够选择合适的物流方式	10	
	能够撰写订单反馈邮件	10	
	能够熟练运用工具查询物流信息	10	
	能够处理不同的订单状态	10	
任务实施情况	能按时提交工作任务	10	
	提交的工作活动成果质量情况	10	
	工作目标达成情况	15	
	关键技能的掌握情况	10	
情感素养	学习态度认真、细致、严谨	5	
	课堂讨论参与主动性	5	
	养成及时复盘和迭代的习惯	5	
合计		100	

3. 企业对小组工作过程与工作结果进行评价，并将评价结果填入表 3－8 中。最后将综合评价结果填入表 3－9 中。

表 3－8　企业评价表

达成关键结果	分值	得分
KR1：为 10 位买家发货	30	
KR2：发送 10 封发货通知邮件	30	
KR3：为 10 位买家提供物流追踪信息	40	

表 3－9　综合评价表

综合评价	小组互评（20%）	教师评价（50%）	企业评价（30%）	综合得分

典型工作任务04

售前客服

想创科技 跨境电子商务企业工单

订单编号：LK00200104

<table>
<tr><td>工作任务</td><td colspan="8">亚马逊店铺售前客服</td></tr>
<tr><td>派单企业</td><td colspan="4">想创科技</td><td colspan="2">截止日期</td><td colspan="2"></td></tr>
<tr><td>接单人</td><td colspan="4"></td><td colspan="2">负责导师</td><td colspan="2"></td></tr>
<tr><td>工单描述</td><td colspan="8">本工单依据跨境电商企业的典型工作任务制定，主要面向跨境电商客服专员岗位，培养跨境电商客服人员的咨询回复能力和产品推荐与促单能力，助其提升专业技能，积累实操经验</td></tr>
<tr><td rowspan="5">企业目标</td><td colspan="8">OKR 即目标与关键成果，是一种企业管理方式，以过程性考核为核心，关键结果“可量化、可追踪”</td></tr>
<tr><td colspan="2">目标（Objective）</td><td>O</td><td colspan="5">7 个工作日内，询单转化率 50%</td></tr>
<tr><td colspan="2" rowspan="3">关键成果（Key Result）</td><td>KR1</td><td colspan="5">接待人数 30 位</td></tr>
<tr><td>KR2</td><td colspan="5">响应率达到 100%</td></tr>
<tr><td>KR3</td><td colspan="5">最终下单人数达到 15 位</td></tr>
<tr><td>工作职责</td><td colspan="8">• 解答买家邮件询盘，提高询单转化率
• 负责关联产品的推荐，提高产品客单价
• 跟踪买家的最终付款情况
• 定期整理销售数据并及时上报</td></tr>
<tr><td rowspan="2">工作内容</td><td>①→</td><td>查看询盘</td><td>②→</td><td>回复咨询</td><td>③→</td><td>关联产品推荐</td><td>④→</td><td>引导买家下单</td></tr>
<tr><td>⑤</td><td></td><td>⑥</td><td></td><td>⑦</td><td></td><td>⑧</td><td></td></tr>
<tr><td colspan="2">工作难度</td><td colspan="7">☑ 简单　□ 一般　□ 偏难　□ 困难</td></tr>
<tr><td>完成确认</td><td>序号</td><td colspan="5">检查事项</td><td colspan="2">教师签名</td></tr>
<tr><td></td><td>1</td><td colspan="5">对本工作的任务要求是否明确</td><td colspan="2"></td></tr>
<tr><td></td><td>2</td><td colspan="5">是否完成买家咨询邮件的回复</td><td colspan="2"></td></tr>
<tr><td></td><td>3</td><td colspan="5">咨询回复率是否 100%</td><td colspan="2"></td></tr>
<tr><td></td><td>4</td><td colspan="5">关联产品的推荐是否符合推荐时机</td><td colspan="2"></td></tr>
<tr><td></td><td>5</td><td colspan="5">是否运用推荐技巧进行关联产品推荐</td><td colspan="2"></td></tr>
<tr><td></td><td>6</td><td colspan="5">是否成功突出产品亮点</td><td colspan="2"></td></tr>
<tr><td></td><td>7</td><td colspan="5">是否引导买家成功下单购买</td><td colspan="2"></td></tr>
<tr><td></td><td>8</td><td colspan="5">是否达成本工单的企业目标要求</td><td colspan="2"></td></tr>
</table>

注意事项：

1. 请严格按照工单内容要求进行项目实践，不得随意更改工作流程。
2. 在完成工作内容后，请进行清单自检，完成请打√。

学生签字：

学习目标

知识目标

1. 了解常见的买家售前咨询的类型
2. 掌握正确的买家咨询解答技巧
3. 掌握关联产品推荐的最佳时机及技巧
4. 掌握突出产品亮点的方法
5. 掌握促成买家下单的相关技巧

能力目标

1. 能够完成买家咨询邮件的回复，提高询单转化率
2. 能够进行关联产品推荐
3. 能够在推荐产品时，有效地突出产品的亮点
4. 能够灵活运用促单技巧促成买家下单

思政目标

1. 养成严谨细致的工作态度
2. 培养承担社会责任的品质
3. 培养人文关怀品质

任务书

针对客服售前工作，下方梳理出了学生的学习流程，并制订了实践计划，同学们可依据该计划实施实践活动。流程图如图 4-1 所示，学习任务见表 4-1。

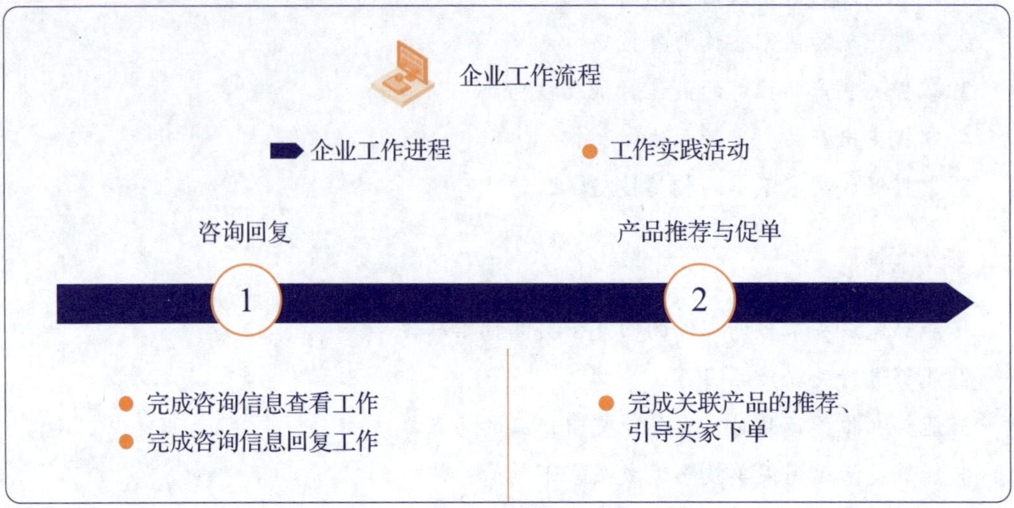

图 4-1　售前咨询学习流程图

表 4-1　学习任务

序号	学习任务	学习任务简介	学习要点	实践活动
1	咨询回复	依据客服工作标准，在平台要求时间内耐心解答每一位买家关于企业产品信息、促销活动及物流等信息的咨询，进而完成售前咨询回复工作	根据企业产品信息、促销活动及物流等信息，熟练应用翻译软件，在平台要求时间内耐心解答买家咨询	完成咨询信息查看与回复工作
2	产品推荐与促单	依据买家信息和店铺需要，在合适的推荐时机，精准地向买家推荐其所需要的产品，进而完成店铺产品推荐与促单工作	根据买家信息，利用买家咨询契机宣传产品卖点、价格优势、促销活动等，为不同类型的买家提供差异化的服务，引导买家下单购买，提高转化率	完成关联产品的推荐、引导买家成功下单

任务分组

针对店铺产品上架的工作任务，同学们可以按照具体情况进行任务分配，并将小组成员名单记录在表4－2中，以小组的形式完成工作任务。

表4－2　学习任务分配表

<table>
<tr><td>班级</td><td></td><td>组号</td><td></td><td>指导老师</td><td></td></tr>
<tr><td>组长</td><td></td><td>学号</td><td colspan="3"></td></tr>
<tr><td rowspan="5">组员</td><td>姓名</td><td>学号</td><td>姓名</td><td colspan="2">学号</td></tr>
<tr><td></td><td></td><td></td><td colspan="2"></td></tr>
<tr><td></td><td></td><td></td><td colspan="2"></td></tr>
<tr><td></td><td></td><td></td><td colspan="2"></td></tr>
<tr><td></td><td></td><td></td><td colspan="2"></td></tr>
<tr><td colspan="6">任务分工</td></tr>
<tr><td colspan="6">在明确工作任务后，将小组成员分工明细填写在下方：</td></tr>
</table>

工作准备

1. 阅读任务书，理解学习计划中的学习要点及学习任务要求；
2. 分析跨境售前客服日常工作中的工作重难点；
3. 结合学习任务，查看课前学习视频、文章及资讯并记录疑点和问题。

任务一 咨询回复

内容提要

买家在购买产品之前，经常会向客服咨询各种各样的问题。店铺在客服正式上岗之前会对他们进行专业的培训，客服回复买家咨询要及时，响应时间越短越好，并根据买家的具体问题有针对性地帮助他们解决这些问题。售前客服专业、耐心的回复能赢得买家的信任，从而促成询单转化。

知识充电站

一、产品信息回复

在购物过程中，买家难免会对产品产生一些疑问，这些疑问都是影响买家完成交易的“绊脚石”。如果客服能够了解买家的各种疑问，并及时有针对性地打消买家的疑问，就会有利于双方达成交易。产品信息回复主要包括产品规格回复和产品质量回复这两点内容。

（一）产品规格回复

产品的规格一般包括尺寸、外观、颜色、功能、质量等。买家在购买产品时可能会反反复复地确认产品的规格信息，客服要重视每一位买家的提问，并尽自己最大的能力去解答买家的疑问。

下面整理了一些关于产品规格常见的回复例子。

（1）关于产品尺寸的回复示例，如图 4－2 所示。

产品尺寸回复

Dear Customer,

Hello, our clothes are available in three sizes, S, M, and L. According to your height and weight, size M of this dress will fit you pretty well. Please feel free to contact us if you have any other questions. Thanks!

Best regards,

×××

尊敬的客户:

您好，我们的衣服有S、M和L三种尺寸。根据您的身高和体重，这件衣服的M码非常适合您。如有其他疑问，请随时与我们联系。谢谢!

献上最美好的祝福

×××

图 4－2　产品尺寸回复示例

（2）关于产品外观的回复示例，如图 4－3 所示。

产品外观回复

Dear Customer,

Thanks for your great interest in our items, We are glad to tell you that this model we have 4 colors: black, green, blue, red, and all the color in stock, you can directly place the order in my store.

Once we receive the payment from your side, we will arrange the shipment for you ASAP. If you have any problem, leave me message here, we will reply you within 24 hours.

Best regards,

×××

尊敬的客户:

感谢您对我们的产品感兴趣，我们很高兴地告诉您这个类型的产品有4种颜色：黑色、绿色、蓝色、红色。所有的颜色都有库存，您可以直接在我的商店下订单。

我们收到您方的付款后，便会尽快给您安排发货。如果有任何问题，请在此处留言，我们将在24小时内回复您。

献上最美好的祝福

×××

图 4－3　产品外观回复示例

（3）关于产品功能的回复示例，如图 4－4 所示。

产品功能回复

Dear Customer,

Thanks for your great interest in our items, it can connect with two device at the same time. But we have tested it, when you connect with one headphone, the sound quality would be much better. If you have any problem, leave me message here, we will reply you within 24 hours.

Best regards,

×××

尊敬的客户：

感谢您对我们的产品感兴趣。这款产品可以同时与两个设备连接，但我们进行了测试，当您只连接一个耳机时，声音质量会好很多。如果有任何问题，请在此处留言，我们会在24小时内回复您。

献上最美好的祝福

×××

图 4-4 产品功能回复示例

（二）产品质量回复

对于买家来说，线上购物最大的顾虑，就是产品的质量问题。面对买家的质疑，客服切记不可与买家发生争吵，应试着去理解买家的心情。客服一定要保持耐心，详细与买家解释，消除买家的疑惑与担心，这样才能达到服务的效果。

关于产品质量的回复示例，如图 4-5 所示。

产品质量回复

Dear Customer,

Please don't worry, our products have passed ×××××× certification, and all materials have been tested for environmental protection. You can read the details and have a test report. You can take a look at our buyer show, and many customers are full of praise for our products. In addition, our products will also provide three guarantees of after-sales service.

If you are not satisfied with the product, you can also apply for a return. If you have any problem, leave me message here, we will reply you within 24 hours.

Best regards,

×××

尊敬的客户：

请您不用担心，我们的产品是通过××××××认证的，所有材质都有环保检测，您可看下详情页，里面有检测报告书。您可以看下我们的买家秀，很多客户都对我们的产品赞不绝口。另外，我们还会提供三包售后服务，如果您对产品不满意，也可以申请退货的。

如果有任何问题，请在此处留言，我们会在24小时内回复您。

献上最美好的祝福

×××

图 4-5 产品质量回复示例

温馨提示

由于产品类型的不同，买家对产品质量的顾虑也是不同的。各位卖家在处理买家的这种顾虑时，除了向买家强调产品本身质量的可靠外，还可以从产品的品牌、产品的好评以及针对该产品提供的服务保障等方面入手，逐步取得买家对店铺的信任。

二、促销活动回复

客服在与买家沟通时，有相当一部分买家首先询问的就是有没有促销活动。下面介绍几种常见的促销活动回复方法。

（一）关于索要优惠券的回复

店铺优惠券是店家推出的可以抵用现金的虚拟电子券，使用这种电子券可以直接在需要支付的金额中减免一部分的费用。大部分店铺都会准备一些小额的优惠券，这样不仅可以避免因为拒绝买家的要求而让买家感到不舒服，还能让买家按照优惠券的使用条件，尽可能多地在自己店铺进行购买。

如果店铺有给买家准备优惠券，回复示例如图 4－6 所示。

有优惠券回复

Dear Customer,

The product you like is the best-selling product in our store. The price is already the lowest, but we have also prepared an exclusive coupon for you. It is more cost-effective to place an order with a coupon. If you have any other questions, please leave a message here and we will contact you within 24 hours.

Best regards,

×××

尊敬的客户：

您看中的这款产品正是我们商店中最畅销的，目前已经是最低价了，但我们还为您准备了专属优惠券，使用优惠券下单更划算。如果还有其他任何问题，请在此处留言，我们会在24小时内回复您。

献上最美好的祝福

×××

图 4－6 卖家可提供优惠券时的回复示例

当店铺没有准备优惠券，在价格不能改变的情况下，客服要尽量突出产品的优势，让买家觉得你的产品是值得他付出这个价格的。如果店铺没有准备优惠券，回复示例如图 4－7 所示。

无优惠券回复

Dear Customer,

We can understand your mood, but this is our lowest price, and there is no way to provide coupons. Price and value are proportional. Our products are of very good quality and are made of the best materials. Secondly, our after-sales service will definitely satisfy you, so you can buy with confidence. If you have any other questions, please leave me a message here and we will get back to you within 24 hours.

Best regards,

×××

尊敬的客户：

您的心情我们可以理解，但是这已经是我们的最低价了，没办法再提供优惠券。价格和价值是成比例的，我们的产品质量很好，采用的都是最好的材质，其次我们的售后服务一定会让您满意的，您就放心购买吧。如果还有其他任何问题，请在此处给我留言，我们会在24小时内回复您。

献上最美好的祝福

×××

图 4－7　卖家无法提供优惠券时的回复示例

（二）关于索要赠品的回复

店内做促销活动的时候，经常会遇到索要赠品的买家。遇到这种情况时，客服要先把买家分为两种，然后采取不同类型的应对方法。

当遇到买家购物金额未达标，却索要赠品，且差值较大时，客服可以鼓励他们继续下单，缩小这个差值。这样不仅不会让买家感到不舒服，还能让买家按照赠品的获得要求尽可能多地在店铺进行购买，增加下单量。回复示例如图 4－8 所示。

无赠品回复

Dear Customer,

I'm really sorry, we have a full requirement for the gift, and the amount of what you are buying is still too far behind, and there is really no way to give it to you. How about you take a look at the other products in our store, and now it happens to be an event, they are all at the lowest price. Then we will give you a small gift as appropriate. I wish you a happy shopping this time, and remember to continue to support us!

Best regards,

×××

尊敬的客户：

真的很抱歉，我们的赠送是有满额要求的，您现在购买的东西金额还差太多，实在没办法送给您。要不您再看看我们店的其他产品，现在刚好做活动，都是最低价。然后我们会酌情赠送一个小礼物给您。祝您这次购物愉快，也记得要继续支持我们哦！

献上最美好的祝福

×××

图 4－8　卖家无法提供赠品时的回复示例

当遇到老顾客购物金额未达标，却索要赠品时，从店铺的长期发展来看，维护好老顾客对店铺的印象是非常重要的，因此卖家可以适度地给老顾客赠送一些小礼品。小礼品虽然分量少、价格实惠，但是可以让老顾客满足，从而留住这位老顾客。回复示例如图 4－9 所示。

有赠品回复

Dear Customer,

You are a regular customer of our store, thank you for your continued support to our store. All the gifts in our store really have to be full before they can be given away. You know that you have participated in activities before. Today I see that you really like this gift, we secretly send one to you, I wish you have a happy shopping, and remember to continue to support our shop.

Best regards,

×××

尊敬的客户：

您是我们店的老顾客了，感谢您一直对我们店的支持。我们店里所有赠品确实是要满额才能赠送的，这您以前参与过活动应该也知道。今天看您确实喜欢这个赠品，我们偷偷送一个给您，祝您这次购物愉快，记得要继续支持我们哦！

献上最美好的祝福

×××

图 4－9　卖家可以提供赠品时的回复示例

三、关于物流信息的回复

在线上购物，物流是买家除质量外最担忧的事情。尤其是与国内的物流相比，跨境电商国际物流的程序更为复杂、流程更多，同时还要涉及多国的海关，这也是跨境客服会经常遇到买家咨询物流信息的原因。常见的物流信息咨询回复有两种：要求免邮回复、物流周期回复。

（一）关于要求免邮的回复方式

有些地方太偏远，又或者是因为商品需要过境交税，导致运费比较贵。有时运费甚至会超过购买产品的价格，这就是亚马逊上面好多东西不免邮的原因。但是经常有买家会询问是否免邮，这个时候客服的态度不能太强硬，可以委婉拒绝；当然，在可以保证产品利润的情况下，也可以适当地给买家的运费打个折扣，给买家留下一个好印象。回复示例如图 4－10 所示。

要求免邮回复

Dear Customer,

Sorry, free shipping is not available for orders sent to ×××××××××××××××. As you know the shipping cost is really high, our profit margin for this product is very limited. But we can give you a ×% discount of the shipping cost. Hope you are happy with it and you are welcome to contact me if there's anything else I can help with.

Best regards,

×××

尊敬的客户：

很抱歉，到××××××××××××××××不能免运费的，如你所知，运输成本非常高，我们从这个产品中赚取不了多少利润。但是我们可以在运费上给你×%的折扣。希望您满意，如有其他事情我能提供帮助的，可随时与我联系。

献上最美好的祝福

×××

图 4-10　卖家婉拒免邮的回复示例

(二) 关于物流周期的回复方式

有一些买家会因为担心物流周期问题，而迟迟不肯下单。客服应该向买家详细讲解物流的相关事项，彻底打消买家对物流的疑虑，促使他们尽快下单。

比如，客服可以向买家保证，只要买家下单，自己就会第一时间给买家发货。如果买家购买的商品要得特别急，客服还可以表示，自己将联系最快的快递公司，把买家需要的产品尽快送达。回复示例如图 4-11 所示。

物流周期回复

Dear Customer,

Thank you for your love of this product, as long as you place an order now, we will ship it for you within × days. Usually we will send it to you via ××××××.

According to my experience, it will take 1-2 weeks to reach your local area. We will also track the transportation of the products at any time to ensure that the product delivered to you in time. If you have any questions, please leave me a message here, we will reply you within 24 hours hour.

Best regards,

×××

尊敬的客户：

感谢您对这款产品的喜爱，只要您现在下单，我们会在×天之内为您发货。我们会通过××××××将其发送给您。

根据我的经验，这将需要1～2周才能送达。我们也会随时跟踪产品的运输情况，保证产品及时送到您的手中。如果您有任何问题，请在此处留言，我们将在24小时内回复您。

献上最美好的祝福

×××

图 4-11　物流周期回复示例

案例解析

草莓酱质量问题的咨询

- 平台：亚马逊
- 事件：跨境开店
- 主题：账号风险

案例详情 阅读行业典型案例，带给你一点点灵感！

（1）一位买家通过邮件向我们咨询草莓酱的质量问题。信件内容如下：

Dear sir or madam,

Why is the strawberry jam in your store so much cheaper than other stores? Can the quality be guaranteed? Can I get a refund if something goes wrong?

Looking forward to hearing from you.

Sincerely

Li Yuan

（2）了解买家的疑问后，我们立即给他回复，成功消除了买家的疑虑，从而顺利达成交易。以下为回复内容：

Dear Mr. Li

Thank you for your interest in our products.Please don't worry, our products have passed the quality inspection, you can see the details and the inspection report.You can take a look at our buyer show, and many customers are full of praise for our products. In addition, our products will also provide three guarantees of after-sales service.

If you are not satisfied with the product, you can also apply for a return.If you have any problem, leave me message here, we will reply you within 24 hours.

Best regards

×××

在本次质量咨询中，客服是从哪些方面入手去回复的？

沟通邮件译文

在本次质量咨询中，客服是从以下三个方面入手去回复的：

首先，客服向顾客强调草莓酱产品本身的质量是非常可靠的，已经通过了质量检验，买家可以在详情页看到检验报告。

其次，从产品的好评入手争取买家的信任。很多时候，自己说十句话也抵不过买家反馈的一句话，买家的反馈信息才是其他买家购买最有力的参考。

最后，从针对该产品提供的服务保障入手消除买家的顾虑。客服向买家承诺，购买草莓酱的买家都享有三包保证的售后服务，如果对产品不满意，可以申请退货。

工作实施

售前客服的首要工作是要做好买家购物的引导工作，这就要求客服人员能够根据店铺产品信息、促销活动及物流等信息在平台要求的时间内耐心回复买家的咨询。

本阶段实践活动及成果要求如下：

实践活动 1：完成咨询信息查看工作

活动情境：小鹿是亚马逊某店铺的一名客服人员，她每天上班的第一件事情就是打开企业邮箱，及时查看买家给她发来的各种各样问题的咨询邮件。

工具 / 环境：跨境 B2C 实训平台；有网络的电脑机房。

活动实施流程：

打开企业邮箱 → 查看买家咨询邮件

实践活动 2：完成咨询信息回复工作

活动情境：查看完邮件，小鹿就要根据买家的具体问题有针对性地帮助他们解决疑惑。

工具 / 环境：跨境 B2C 实训平台；有网络的电脑机房。

活动实施流程：

分析邮件咨询类型 → 选择相应的邮件模板 → 撰写回复邮件

阶段成果	成功完成咨询信息查看工作 成功完成咨询信息回复工作

引导问题 1：跨境客服在日常工作中，经常会收到哪些类型的售前咨询？

引导问题 2：如果有买家对产品的质量产生质疑，客服人员可以从哪些方面入手消除买家的疑惑与担心？

温馨提示

由于产品类型的不同，买家对产品质量的顾虑也是不同的。客服在处理买家的这种顾虑时，除了向买家强调产品本身质量的可靠外，还可以从产品的品牌、产品的好评以及针对该产品提供的服务保障等方面入手，逐步取得买家对产品的信任。

引导问题 3： 经常有买家向客服咨询有没有促销活动，你知道哪些常见的店铺促销活动？

____

____

引导问题 4： 店内做促销活动的时候，经常会遇到索要赠品的买家，此时客服人员应怎样回复客户的要求？

____

____

引导问题 5： 一位英国买家要求免邮费，但目前仅支持美国地区包邮，客服考虑到买家购买的商品数量比较多，可以适当地给买家的运费打个折扣。如果你是客服人员，你会怎么回复？

____

____

温馨提示

有些地方太偏远，又或者是因为商品需要过境交税，导致运费比较贵。有时运费甚至会超过购买产品的价格，这就是亚马逊上面好多东西不免邮的原因。但是经常有买家会询问是否免邮，这个时候客服的态度不能太强硬，可以委婉拒绝；当然，在可以保证产品利润的情况下，也可适当地给买家的运费打个折扣，给买家留下一个好印象。卖家婉拒免邮的回复示例如图 4－12 所示。

要求免邮回复

Dear Customer,

Sorry, free shipping is not available for orders sent to ×××××××××××××××. As you know the shipping cost is really high, our profit margin for this product is very limited. But we can give you a ×% discount of the shipping cost. Hope you are happy with it and you are welcome to contact me if there's anything else I can help with.

Best regards,

×××

尊敬的客户：

很抱歉，到×××××××××××××××不能免运费的，如你所知，运输成本非常高，我们从这个产品中赚取不了多少利润。但是我们可以在运费上给你×%的折扣。希望您满意，如有其他事情我能提供帮助的，可随时与我联系。

献上最美好的祝福

×××

图 4－12　卖家婉拒免邮的回复示例

课堂测验

咨询回复

1.【单选】一位买家的咨询内容是：她的身高是×××，体重是×××，那么她应该买哪一个尺码的衣服呢？此时，客服最恰当的回复是（　　）。

A. 您好，我们觉得M码比较适合您

B. 您好，亲爱的顾客，根据您提供的身高和体重，这件衣服的M码非常适合您

C. 您好，亲爱的顾客，您根据自己的身高体重判断就可以了

D. 您好，可以提供更多的信息吗

2.【单选】常见的产品信息回复不包括（　　）。

A. 促销活动回复　　B. 产品尺寸回复

C. 产品外观回复　　D. 产品功能回复

3.【多选】如果有买家担心产品质量问题，除了可以向买家强调产品本身质量可靠外，还可以从以下哪些方面入手？（　　）

A. 产品的品牌　　B. 产品的好评

C. 售后服务保障　　D. 产品的代言人

4.【判断】遇到索要赠品的买家，我们应该全部拒绝。（　　）

5.【判断】在价格不能改变的情况下，要尽量突出产品的优势，让买家觉得你的产品是值得他付出这个价格的。（　　）

6.【判断】小李作为亚马逊的一名客服人员，每天都要面对形形色色的买家，有时难免会遇到一些比较急躁甚至恶语相向的买家，这种情况下小李仍然需要保持热情诚恳的工作态度，耐心为买家服务。（　　）

任务二 产品推荐与促单

内容提要

为了增加产品销量，店铺会要求客服在销售过程中向买家进行关联产品的推荐。客服人员在推荐关联产品时，要根据店铺需要，在合适的推荐时机，精准地向买家推荐其所需要的产品。通过关联推荐，可以增加店铺流量和销量，从而提高产品客单价。

知识充电站

一、关联推荐

关联推荐的产品需要具备三个条件：首先，具备互补关联。互补关联强调匹配商品与主要推送商品之间存在直接相关性。比如买围巾的时候可以推荐手套，因为都是防寒用品，用户有购买的可能性。其次，具备替代联想。这是指主推商品和相关商品可以完全替代。如果主推商品是卡通 T 恤，那么相关产品可以是卡通上衣、卡通外套等。最后，具备潜在关联，涉及多个类别的商店可以考虑。比如主要经营的商品是墨镜，则可能相关的商品可以是防晒霜、遮阳帽等。

通过关联推荐，可以增加店铺流量，降低跳出率，提高产品客单价。客服在销售过程中要注重向买家进行关联产品的推荐。关联推荐主要掌握推荐时机和推荐技巧这两点。

（一）推荐时机

客服人员把握好时机进行推荐，能够有效地提高订单成交率。

时机 1：在买家看到其他产品时主动询问。一些买家进店之后，会对店里的其他产品充满好奇心。有的买家会直接向客服询问关联产品的情况，这时候很显然也是向他们推荐关联产品的好机会。

例 有的买家想购买店铺的一款上衣，同时还看上了一条裤子，他想知道裤子有没有促销活动，于是向客服询问。客服要抓住这个机会，向买家介绍这条裤子的亮点和优惠活动，引导其积极购买。回复示例如图 4－13 所示。

Dear Customer,

Thank you for your interest in our products. This pair of trousers is also our best-selling item this season. It goes well with the clothes you were looking at before. I'm just doing an event right now, and you can get a 20% discount for two purchases, so buying a set will be a lot more cost-effective.

Place the order now and we will ship it to you as soon as possible. If you have any other questions, please leave me a message here and we will get back to you within 24 hours.

Best regards,

×××

尊敬的客户：

感谢您对我们的产品感兴趣，这条裤子也是我们本季的热销款，和您之前看上的衣服很搭。现在刚好做活动，购买两件可以打八折，所以购买一整套会划算很多的。

现在下单，我们会尽快给您发货。如果还有其他任何问题，请在此处留言，我们会在24小时内回复您。

献上最美好的祝福

×××

图 4-13　买家主动询问时的回复示例

时机 2：在买家乐于与客服进行交流时进行推荐。如果在交流过程中发现买家比较健谈，或者咨询气氛很好，客服应当抓住这个好时机向买家推荐一些关联产品。

例　某买家因家中办喜宴购买了几款红酒，并且与客服人员分享家中喜宴相关事宜。此时客服应当顺势推荐其他喜宴用品，多说关联产品的好处，描述现有优惠和产品特点，鼓励买家下单。回复示例如图 4-14 所示。

Dear Customer,

The news of your recent marriage having reached me, I beg to offer my most sincere congratulations! The wine event you have fancy is over, but we have prepared two exclusive coupons for you. It is more cost-effective to place an order with coupons. In addition, the sales of another red wine in our shop is also very good, because the degree is relatively low and the taste is sweet, it is loved by the majority of women, and I believe that the female guests at the wedding banquet will also like it very much.

Place the order now and we will ship it to you as soon as possible. If you have any other questions, please leave me a message here and we will get back to you within 24 hours.

Best regards,

×××

尊敬的客户：

获悉新婚之喜，请接受我最诚挚的祝贺！

您看中的这款红酒活动结束了，但我们为您准备了两张专属优惠券，使用优惠券下单更划算。另外，我们店的另一款红酒销量也很好，因为度数比较低，味道香甜，深受广大女性喜爱，相信婚宴上的女嘉宾也会很喜欢的。

现在下单，我们会尽快给您发货。如果还有其他任何问题，请在此处留言，我们会在24小时内回复您。

献上最美好的祝福

×××

图 4-14　买家乐于交流时的回复示例

时机 3：通过交流了解到买家的喜好后进行推荐。

例 有位买家向客服咨询一款辣味的方便面，客服可以由此判断买家是喜欢吃辣的，而由泡面客服又联想到了香肠，所以客服可以马上按照买家的喜好和需求推荐另一款辣味的香肠。这种情况下，买家有很大可能性会把香肠一起加入购买的考虑范围。回复示例如图 4-15 所示。

Dear Customer,

Thank you for your interest in our products. This instant noodles tastes great, fragrant and spicy. One bite immediately stimulates the taste buds. This feeling is really enjoyable! 90% of the customers who place the order will also buy a spicy sausage from our shop. The combination of instant noodles and sausage is perfect, you can also try it. If you have any other questions, please leave me a message here and we will get back to you within 24 hours.

Best regards,

×××

尊敬的客户：

感谢您对我们的产品感兴趣，这款泡面口味很棒，又香又辣，一口立即刺激味蕾，这种感觉真的是特别的过瘾！下单的90%的顾客还会购买我们店的一款辣味香肠，泡面与香肠的搭配简直就是完美，您也可以尝试一下。如果还有其他任何问题，请在此处留言，我们会在24小时内回复您。

献上最美好的祝福

×××

图 4-15 了解买家喜好后的回复示例

（二）推荐技巧

客服人员可基于使用场景、买家需求、买家背景进行产品推荐。

1. 基于使用场景的推荐方法

例 打印东西是一个系统工程，首先需要一台打印机，其次还需要 A4 纸和墨水。如果这台打印机可以打印相片，那么还需要相纸。这一系列产品是围绕一个使用场景的，因此完全可以组合推荐。回复示例如图 4-16 所示。

温馨提示

基于使用场景不仅能抓住买家需求，而且容易做推广。结合广告宣传或者买家的口碑传播会形成更好的销售效果。

2. 基于买家需求的推荐方法

例 正常来说，6 个月左右的宝宝大概一个星期可以用完一袋 54 片装的尿片，如果妈妈的复购频率比正常使用频率高，很有可能说明宝宝的消化没那么好。相应地，益生菌很有可能是宝宝的需求，宝宝还有可能需要补充维生素 D，这个时候客服借机给买家推荐益生菌或维生素 D，成功的可能性就会很大。回复示例如图 4－17 所示。

Dear Customer,

Thank you for your interest in our products. This printer is a hot-selling item in our shop. It supports a variety of device connections, and the effect is very good whether it is black-and-white printing or color printing. The weight is only 3kg, and it is compact and does not take up space. At present, this product has a variety of package activities. It is more favorable to buy it with A4 paper, ink, photo paper, etc. For specific activity information, please see our product details page. If you have any other questions, please leave me a message here and we will get back to you within 24 hours.

Best regards,

×××

尊敬的客户：

感谢您对我们的产品感兴趣，这款打印机是我们店的热销款，支持多种设备连接，无论是黑白打印还是彩色打印效果都非常好。重量仅有3kg，小巧不占地。目前这款产品有多种套餐活动，跟A4纸、墨水、相纸等一起购买更优惠，具体活动信息请看产品详情页。如果还有其他任何问题，请在此处留言，我们会在24小时内回复您。

献上最美好的祝福

×××

图 4－16　基于使用场景推荐的回复示例

Dear Customer,

Thank you for your interest in our products. The current activity of this diaper is to buy 3 bags and get 2 bags of baby wipes. Usually a bag can be used for about a week. If it is used too fast, it may be due to poor digestion of the baby. Just add probiotics or vitamin D in time. These two products are also hot products in our store. The specific information is on our product details page. If you have any other questions, please leave me a message here and we will get back to you within 24 hours.

Best regards,

×××

尊敬的客户：

感谢您对我们的产品感兴趣，目前这款尿布的活动是买3袋赠送2包婴儿专用湿巾。通常一袋可以使用一个星期左右，如果用得太快，可能是宝宝的消化不好，及时补充益生菌或维生素D就可以了，这两款产品也是我们店的热销品，具体信息可以看一下产品详情页。如果还有其他任何问题，请在此处留言，我们会在24小时内回复您。

献上最美好的祝福

×××

图 4－17　基于买家需求推荐的回复示例

3. 基于买家背景的推荐方法

同样是买衣服，从品牌、价格可以看出买家的消费档次，这个消费档次会影响到其他方面消费，这也就存在关联推荐的空间。当客服能识别出一个买家的消费倾向后，就能主动出击，主动引导买家进行消费升级，推荐买家购买更高档次的产品。回复示例如图 4－18 所示。

Dear Customer,

Hello, our clothes are available in three sizes, S, M, and L. According to your height and weight, size M of this dress will fit you pretty well. Most of the customers who buy this coat will also buy a super versatile cashmere round neck sweater. This versatile cashmere round neck sweater is also the best-selling item in our shop, 100% cashmere, soft fabric, simple and outstanding design, and high quality. The color of your coat is also very good. For specific information, please refer to our product details page. If you have any other questions, please leave me a message here and we will get back to you within 24 hours.

Best regards,

×××

尊敬的客户：

您好，我们的衣服有S、M和L三种尺寸，根据您的身高和体重，这件衣服的M码非常适合您。大部分购买这款大衣的顾客，同时还会购买一款超级百搭的羊绒圆领针织衫。这款百搭的羊绒圆领针织衫也是我们店铺的热销款，100%山羊绒，面料柔软，设计简约出众，品质上乘，跟您的这款大衣颜色也很搭，具体信息可以看一下产品详情页。如果还有其他任何问题，请在此处留言，我们会在24小时内回复您。

献上最美好的祝福

×××

图 4－18　基于买家背景推荐的回复示例

二、促成下单

不管是实体店还是网店，要想让买家购买自己店铺的产品，客服就要说服他，获得对方的信任。促成下单主要掌握以下两点：

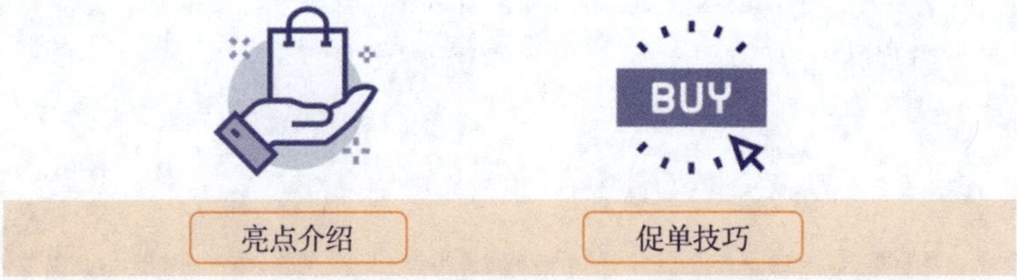

（一）亮点介绍

关于产品的亮点介绍，客服人员可以从三个方向进行介绍：产品细节差异、产品使用场景以及产品制造流程。

1. 产品细节差异

好的产品描述常常具备这样一个特点：能够突出产品的细节差异。一些客服在描述产品时，常常忽略产品之间的细微差异，认为太过琐碎，然而就是这些琐碎之处决定了买家是否购买店铺产品。

例　锤子是一个很小的东西，基本上很难有什么亮点。锤子的材质、重量，以及锤子的使用舒适度，这三者正是许多买家所关心的，而这就是客服形容产品时最好的亮点。回复示例如图 4－19 所示。

Dear Customer,

Thank you for your interest in our products. Our hammer is made of high-carbon steel, but it weighs only 260g, which is very small and exquisite. At the same time, it has a rubberized non-slip handle, which is comfortable to hold and suitable for long-term operation. Place the order now and we will ship it to you as soon as possible. If you have any other questions, please leave me a message here and we will get back to you within 24 hours.

Best regards,

×××

尊敬的客户：

感谢您对我们的产品感兴趣，这款锤子是用高碳钢材质锻造成的，但是重量仅有260g，十分小巧精致。同时带有包胶防滑手柄，手握舒适，适合长时间作业。现在下单，我们会尽快给您发货。如果还有其他任何问题，请在此处留言，我们会在24小时内回复您。

献上最美好的祝福

×××

图 4－19　突出产品细节差异的回复示例

2. 产品使用场景

客服给买家营造产品的使用场景，首先是突出产品在该场景下的使用优点，其次要让买家知道这些优点能给他们带来哪些好处。

例　在推荐衬衣的过程中，可为买家介绍穿着本店的衬衣适用于职场办公这一场景，如在面试过程中穿着衬衣能够让买家在众多同事之间脱颖而出。回复示例如图 4－20 所示。

Dear Customer,

Thank you for your interest in our products. This white shirt is the latest model this year. It is made of 100% cotton, making you comfortable and super relaxed. At the same time, the outstanding design will definitely highlight your exquisiteness and make you more than capable in the workplace.

Place the order now and we will ship it to you as soon as possible. If you have any other questions, please leave me a message here and we will get back to you within 24 hours.

Best regards,

×××

尊敬的客户：

感谢您对我们的产品感兴趣，这件白色衬衫是今年的最新款，100%纯棉材质，让您穿着轻松舒适。同时，出众的设计，一定能突出您的精致，让您在职场上游刃有余。

现在下单，我们会尽快给您发货。如果还有其他任何问题，请在此处留言，我们会在24小时内回复您。

献上最美好的祝福

×××

图 4－20　营造产品使用场景的回复示例

3. 产品制造流程

如果自己的产品没有什么比较大的亮点，客服人员可以跟买家讲讲产品的制造流程，加深买家对产品的印象，提升好感度。

例　介绍奶酪时，客服可以跟买家介绍其中的每一道工序，这些都是作为产品质量的体现，会让买家感觉："哇！原来为了制作这片奶酪，需要花这么多心思啊！"从而信任我们的产品，放心购买。回复示例如图 4－21 所示。

Dear Customer,

Thank you for your interest in our products. To ensure milk quality, every drop of milk is drawn with an automatic milking machine at 9 am. To ensure freshness, active probiotics are added to each barrel of milk to synthesize antioxidants and kill pathogenic spoilage bacteria. For every 300kg of milk, only 3kg of cheese are produced. Thousands of stirrings are more delicate than melted ice cream. So please rest assured to buy! If you have any other questions, please leave me a message here and we will get back to you within 24 hours.

Best regards,

×××

尊敬的客户：

感谢您对我们的产品感兴趣，为保证奶质，每一滴牛奶，都是在上午9点，用自动挤奶机抽取的。为保证新鲜，每一桶牛奶都会加入活性益生菌，合成抗氧化物质，杀死病原腐败菌。每300公斤牛奶，只产生3公斤奶酪，上千次搅拌，比融化的冰淇淋还细腻。所以请您放心购买吧！如果还有其他任何问题，请在此处留言，我们会在24小时内回复您。

献上最美好的祝福

×××

图 4－21　挖掘产品制造流程的回复示例

(二) 促单技巧

客服人员高效促单有四点技巧：打消买家疑虑、挖掘买家需求、优惠刺激买家和制造紧迫感。

1. 打消买家疑虑

客服在引导买家下单时一定要了解顾客的疑虑，站在买家的角度，想他们之所想，有针对性地为买家提供产品与服务。

例　某些买家会因为担心产品质量问题而迟迟不肯下单，遇到这种情况，客服人员可以向买家表明，如果产品有任何问题，随时都可以申请退换货。通过这种方式来打消买家的疑虑，促使他们尽快下单。回复示例如图 4－22 所示。

Dear Customer,

Please don't worry, our products have passed ×××××× certification, and all materials have been tested for environmental protection. You can read the details and have a test report. You can take a look at our buyer show, and many customers are full of praise for our products. In addition, our products will also provide three guarantees of after-sales service, if you are not satisfied with the product, you can also apply for a return. If you have any problem, leave me message here, we will reply you within 24 hours.

Best regards,

×××

尊敬的客户：

请您不用担心，我们的产品是通过 ×××××× 认证的，所有材质都有环保检测，产品详情页有检测报告书。您可以看下我们的买家秀，很多客户都对我们的产品赞不绝口。另外，我们的产品还会提供三包售后服务，如果您对产品不满意，也可以申请退货的。如果有任何问题，请在此处留言，我们会在24小时内回复您。

献上最美好的祝福

×××

图 4－22　打消买家疑虑的回复示例

2. 挖掘买家需求

如果买家已经有了想购买的意愿，但又因为不知道购买哪一款产品而拿不定主意时，客服就可以用专业的知识去帮买家分析各个产品的优点和适用人群，然后采用“二选一”的方法，给予买家两种不同的选择，让买家从中挑选一个，这样就能有效帮助买家拿主意、下决心，进而促成交易。回复示例如图 4－23 所示。

Dear Customer,

Thank you for your interest in our products. All our products are handmade and exquisite. Among them, Set A and Set B are the best-selling products in our store, and people who have bought them are full of praise. Package A is simple and exquisite, suitable for young women; Package B has a complete range, suitable for older female elders. You can choose according to the actual situation. If you have any other questions, please leave me a message here and we will get back to you within 24 hours.

Best regards,

×××

尊敬的客户：

感谢您对我们的产品感兴趣，我们所有的产品都是纯手工制作，工艺精致。其中套餐A和套餐B是我们店的热销产品，购买过的人都赞不绝口。套餐A简约精致，适合送给年轻女性；套餐B种类齐全，适合送给年长的女性长辈。您可以根据实际情况选择。如果还有其他任何问题，请在此处留言，我们会在24小时内回复您。

献上最美好的祝福

×××

图 4－23　挖掘买家需求的回复示例

3. 优惠刺激买家

一般来说，这种方法就是客服利用买家购买产品时的求利心理，通过让利买家而与之达成交易。这种方法比较适用于销售某些滞销品，以减轻库存压力，达到加快存货周转速度的目的。回复示例如图 4－24 所示。

Dear Customer,

The product you like is the best-selling product in our store. The price is already the lowest, but we have also prepared an exclusive coupon for you. It is more cost-effective to place an order with a coupon, so hurry up and order. If you have any other questions, please leave a message here and we will contact you within 24 hours.

Best regards,

×××

尊敬的客户：

您看中的产品正是我们商店中最畅销的产品，目前已经是最低价了，但我们还为您准备了专属优惠券，使用优惠券下单更划算，赶紧下单吧。如果还有其他任何问题，请在此处留言，我们会在24小时内回复您。

献上最美好的祝福

×××

图 4－24　优惠刺激买家的回复示例

需要注意的是，客服不能随便给予优惠，以免买家提出其他要求。在使用此方法时，一定要让买家觉得自己是特别的，优惠活动只针对他一个人。

4. 制造紧迫感

人们总有“物以稀为贵”的心理，越是不容易买到的产品，越是想要买到。所以，当买家犹豫不决，又想买又不想买时，客服可以针对这一心理，给买家施加压力，让买家明白购买这种产品机不可失。

例 客服通过回复“店铺的活动就要结束了”“您看中的这件产品所剩不多了”“现在不买，活动结束想买也买不到了呢”等，让买家有“过了这个村就没这个店”的紧迫感，他们常常就会下决心购买。回复示例如图 4－25 所示。

Dear Customer,

Thank you for your interest in our products. The down jacket you valued is our best-selling product this season, and now there is not much inventory left. Currently doing activities, you can get a 20% discount for two purchases, while stocks last. Just place an order if you like it.

The activity is really affordable, and there will be no such price at the end of the activity. If you have any other questions, please leave a message here and we will contact you within 24 hours.

Best regards,

×××

尊敬的客户：

感谢您对我们的产品感兴趣，您看中的这件羽绒服是我们本季的热销品，现在库存所剩不多了。目前正在做活动，购买两件可以打八折，卖完即止。喜欢就赶紧下单吧，做活动真的很实惠，活动结束就没有这个价格了。如果还有其他任何问题，请在此处留言，我们会在24小时内回复您。

献上最美好的祝福

×××

图 4－25 制造紧迫感的回复示例

案例解析

把握推荐时机成功推荐关联产品案例

- 时间：2020 年
- 平台：亚马逊
- 产品：方便面
- 咨询原因：优惠券咨询

案例详情 阅读行业典型案例，带给你一点点灵感！

（1）一位顾客通过邮件向我们咨询香辣牛肉方便面有没有优惠券。咨询邮件内容如下：

Dear Sir or Madam

I like your spicy beef instant noodles very much.I am a frequent customer.Do you have any coupons? I buy it very often.

Looking forward to hearing from you.

Sincerely

Xie Ming

（2）收到邮件我们立即给他回复，并向他推荐我们店的一款辣味香肠，最后顾客接受了我们的推荐，马上下单购买。邮件回复内容如下：

Dear Mr. Xie

Thank you for your interest in our products.This instant noodle is the best-selling in our store.It is fragrant and spicy and tastes great! The price is already the lowest, but we have also prepared exclusive coupons for you.

90% of the customers who place the order will also buy a spicy sausage from our shop.The combination of instant noodles and sausage is perfect, you can also try it.Currently doing activities, if the two items are purchased together, you can get another 5% discount on the basis of the superimposed coupons.

If you have any other questions, please leave me a message here and we will get back to you within 24 hours.

Best regards

×××

在本次咨询中，客服人员的回复思路是什么？

邮件沟通译文

客服人员的回复思路如下：

首先，感谢买家对自家产品的认可。在给买家优惠券之前，先跟买家说明这个产品不仅是热销款，而且目前价格已经很低了，但是因为是老客户了，还是决定赠送一张优惠券，这样比直接给买家优惠券更容易博得好感。解决买家的问题之后，客服又推荐了一款辣味香肠。在这里，辣味香肠就是泡面的互补关联产品，因为大部分吃泡面的人都会加一根香肠，而从买家购买的辣味泡面可以推测出买家喜欢辣的产品。所以，客服就借此给买家推荐辣味香肠。最后，告诉买家，目前这两个产品刚好在做活动，同时购买优惠力度更大，那么喜欢辣味泡面的买家极可能会立刻下单。

工作实施

为了提升店铺的销量，在实际工作过程中店铺客服人员应该从买家的实际需求出发，主动出击，把握合适的推荐时机进行关联产品的推荐，并运用促单技巧促使买家购买更多的商品。

本阶段实践活动及成果要求如下：

实践活动 3：完成关联产品的推荐，引导买家成功下单 活动情境：为了增加店铺流量，提高产品客单价，客服被要求在销售过程中要注重向买家进行关联产品的推荐，并引导买家下单。 工具 / 环境：跨境 B2C 实训平台；有网络的电脑机房。 **活动实施流程：** 抓住推荐时机 → 关联产品推荐 → 突出产品亮点 → 引导买家下单	
阶段成果	完成关联产品的推荐，引导买家成功下单

引导问题 6：推荐关联产品需要具备哪三个条件？

____

____

____

引导问题 7：为了不让买家反感，关联产品的推荐一定要把握好推荐时机，那么，哪些场景是合适的推荐时机？

____

____

____

引导问题 8：基于________、________和________推荐，是关联产品推荐的三个技巧。

引导问题 9：一些客服在描述小物件产品时，常常觉得"无话可说"，然而就是这些"无话可说"之处决定了买家是否购买店铺产品。如果有买家向你咨询一款锤子，你会怎么回复他？

____

____

____

温馨提示

突出产品细节差异

好的产品描述常常具备这样一个特点：能够突出产品的细节差异。一些客服在描述产品时，常常忽略产品之间的细微差异，认为太过琐碎，然而就是这些琐碎之处决定了买家是否购买店铺产品。

引导问题 10： 用赠送优惠券的方法来刺激买家下单是一个很不错的做法，如果你收到买家要求赠送优惠券的邮件，你会怎么回复？

温馨提示

优惠券刺激顾客

一般来说，这种方法是客服充分利用买家购买产品的求利心理，通过让利买家而与之达成交易。这种方法比较适用于销售某些滞销品，以减轻库存压力，达到加快存货周转速度的目的。

需要注意的是，客服不能随便给予优惠，以免买家提出其他要求。在使用此方法时，一定要让买家觉得自己是特别的，优惠活动只针对他一个人。

课堂测验

产品推荐与促单

1.【单选】向买家推荐关联产品时要找对推荐时机，以下哪个不是很好的推荐时机？(　　)

A. 买家看到其他产品时主动询问　　B. 买家乐于与客服进行交流

C. 买家表现出情绪急躁和不耐烦　　D. 通过交流了解到买家的喜好

2.【单选】如果有买家因为不知道购买哪一款产品而拿不定主意，客服可以采用(　　)的方法帮助他们做出选择。

A. 三选一　　B. 二选一

C. 四选一　　D. 五选一

3.【判断】如果自己的产品没有比较大的亮点，就不需要向买家介绍。(　　)

4.【判断】为了提高促单成功率，客服小慧可以夸大产品的特点，尽量满足买家要求。(　　)

5.【简答】关联推荐的产品需要具备哪些条件？

评价反馈

评价方式采用多元化评价，评价主体由学生、小组、教师与企业构成，评价标准、分值及权重如下。

1. 学生以小组为单位，对本工作任务的实施过程与结果进行互评，将互评结果填入表 4－3 中。

表 4－3　学生互评表

评价项目	评价标准	分值	得分
团队素养	小组成员间合作紧密，能互帮互助	15	
	工作计划周密，组织有序	15	
	态度端正，有较强的吃苦耐劳精神	10	
工作情况	工作效率突出	20	
	工作成果完整且质量达标	30	
	严格遵守客服岗位职责	10	
合计		100	

2. 教师对小组工作过程与工作结果进行评价，并将评价结果填入表 4－4 中。

表 4－4　教师评价表

评价项目	评价标准	分值	得分
专业能力	能及时查看买家发来的询盘信息	10	
	能针对性地完成买家咨询邮件的回复	10	
	能正确抓住最佳时机完成关联产品推荐	10	
	能熟练运用促单技巧引导买家下单	10	
任务实施情况	能按时提交工作任务	10	
	提交的工作活动成果质量情况	10	
	工作目标达成情况	15	
	关键技能的掌握情况	10	
情感素养	学习态度认真、细致、严谨	5	
	课堂讨论参与主动性	5	
	养成及时复盘和迭代的习惯	5	
合计		100	

3. 企业对小组工作过程与工作结果进行评价，并将评价结果填入表 4－5 中，最后将综合评价结果填入表 4－6 中。

表 4－5 企业评价表

达成关键结果	分值	得分
KR1：接待人数 30 位	30	
KR2：响应率达到 100%	30	
KR3：最终下单人数达到 15 位	40	

表 4－6 综合评价表

综合评价	小组互评（20%）	教师评价（50%）	企业评价（30%）	综合得分

典型工作任务05

售后客服

想创科技 跨境电子商务企业工单

订单编号：LK00200105

<table>
<tr><td>工作任务</td><td colspan="8">亚马逊售后客服</td></tr>
<tr><td>派单企业</td><td colspan="4">想创科技</td><td colspan="2">截止日期</td><td colspan="2"></td></tr>
<tr><td>接单人</td><td colspan="4"></td><td colspan="2">负责导师</td><td colspan="2"></td></tr>
<tr><td>工单描述</td><td colspan="8">本工单依据跨境电商企业的典型工作任务制定开发，主要面向跨境电商运营专员岗位，培养跨境电商运营人员的售后客户服务能力，助其提升专业技能，积累实操经验</td></tr>
<tr><td rowspan="5">企业目标</td><td colspan="8">OKR 即目标与关键成果，是一种企业管理方式，以过程性考核为核心，关键结果“可量化、可追踪”</td></tr>
<tr><td>目标（Objective）</td><td>O</td><td colspan="6">30 天好评率不低于 80%</td></tr>
<tr><td rowspan="3">关键成果（Key Result）</td><td>KR1</td><td colspan="6">完成 1 份售后服务卡内容制作</td></tr>
<tr><td>KR2</td><td colspan="6">留评率不低于 10%</td></tr>
<tr><td>KR3</td><td colspan="6">中差评率不高于 10%</td></tr>
<tr><td>工作职责</td><td colspan="8">• 及时响应买家售后咨询问题，回复买家评价
• 产品退换货处理、投诉处理及破损补发等
• 负责登记和整理退换货请求</td></tr>
<tr><td rowspan="2">工作内容</td><td>①→</td><td>退换沟通</td><td>②→</td><td>退换处理</td><td>③→</td><td>催促评价</td><td>④→</td><td>差评处理</td></tr>
<tr><td>⑤</td><td></td><td>⑥</td><td></td><td>⑦</td><td></td><td>⑧</td><td></td></tr>
<tr><td colspan="2">工作难度</td><td colspan="7">□简单 ☑一般 □偏难 □困难</td></tr>
<tr><td>完成确认</td><td>序号</td><td colspan="5">检查事项</td><td colspan="2">教师签名</td></tr>
<tr><td></td><td>1</td><td colspan="5">对本工作的任务要求是否明确</td><td colspan="2"></td></tr>
<tr><td></td><td>2</td><td colspan="5">是否完成订单的物流跟踪</td><td colspan="2"></td></tr>
<tr><td></td><td>3</td><td colspan="5">是否完成订单反馈的邮件撰写</td><td colspan="2"></td></tr>
<tr><td></td><td>4</td><td colspan="5">是否完成退换货沟通的邮件撰写</td><td colspan="2"></td></tr>
<tr><td></td><td>5</td><td colspan="5">是否能够完成退换货的处理</td><td colspan="2"></td></tr>
<tr><td></td><td>6</td><td colspan="5">是否完成售后服务卡的内容制作</td><td colspan="2"></td></tr>
<tr><td></td><td>7</td><td colspan="5">是否完成中差评的降低影响处理</td><td colspan="2"></td></tr>
<tr><td></td><td>8</td><td colspan="5">是否达成本工单的企业目标要求</td><td colspan="2"></td></tr>
</table>

注意事项：

1. 请严格按照工单内容要求进行项目实践，不得随意更改工作流程。
2. 在完成工作内容后，请进行清单自检，完成请打√。

学生签字：

学习目标

知识目标

1. 了解不同退换货原因的邮费负责人
2. 掌握买家售后原因辨认的方法以及沟通邮件撰写方向
3. 掌握不同售后原因的退换货处理方法
4. 掌握中差评的处理方法

能力目标

1. 能够完成退换货的沟通邮件撰写
2. 能够完成退换货处理
3. 能够完成降低差评率
4. 能够完成买家催评

思政目标

1. 培养爱国主义精神
2. 树立尊师重道、德品先行的观念
3. 建立正确的情感价值取向及良好人格

任务书

针对客服售后工作，下方梳理出了学生的学习流程，并制订了实践计划，同学们可依据该计划实施实践活动。流程图如图 5-1 所示，学习任务见表 5-1。

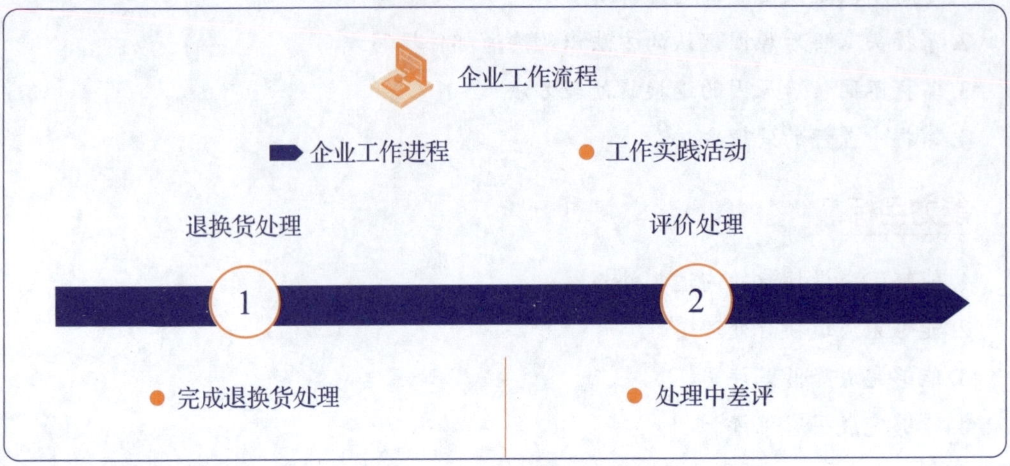

图 5-1　售后服务学习流程图

表 5-1　学习任务

序号	学习任务	学习任务简介	学习要点	实践活动
1	退换货处理	依据买家的沟通内容，判断售后的处理方式，撰写相应的协商邮件，完成退换货处理	（1）在买家收到产品后，因产品品质量、尺寸等问题，与买家协商解决方案，遇到无法解决的问题及时上报 （2）根据亚马逊、eBay、AliExpress、Wish、Lazada、Shopee 等平台的要求进行退换货操作	完成退换货处理
2	评价处理	依据买家的评价内容，判断评价的处理方式，降低差评对店铺的影响，增加店铺好评率	在买家留下中差评后，及时联系买家，了解原因，协商解决，提升店铺好评率	处理中差评

任务分组

针对店铺产品上架的工作任务，同学们可以按照具体情况进行任务分配，并将小组成员名单记录在表 5-2 中，以小组的形式完成工作任务。

表 5-2 学习任务分配表

<table>
<tr><td>班级</td><td></td><td>组号</td><td></td><td>指导老师</td><td></td></tr>
<tr><td>组长</td><td></td><td>学号</td><td colspan="3"></td></tr>
<tr><td>组员</td><td colspan="5"><table>
<tr><td>姓名</td><td>学号</td><td>姓名</td><td>学号</td></tr>
<tr><td></td><td></td><td></td><td></td></tr>
<tr><td></td><td></td><td></td><td></td></tr>
<tr><td></td><td></td><td></td><td></td></tr>
<tr><td></td><td></td><td></td><td></td></tr>
</table></td></tr>
<tr><td colspan="6">任务分工</td></tr>
<tr><td colspan="6">在明确工作任务后，将小组成员分工明细填写在下方：</td></tr>
</table>

工作准备

1. 阅读任务书，理解学习计划中的学习要点及学习任务要求；
2. 提前掌握好翻译工具的使用方法；
3. 结合任务书分析跨境售后客服的难点和常见问题。

任务一 退换货处理

内容提要

买家购买产品后，在使用过程出现了问题，必然会向客服投诉。客服人员需要根据不同情况，选择不同的解决方案，并回答买家的问题，做好退换货工作。只有给予买家更好的体验，不断提升买家满意度，才能够帮助卖家赢得更多的买家。

知识充电站

一、退换原因

收到买家的退换货申请时，客服需要先了解买家退换货的原因。通过与买家交流，客服明确退换货的责任归属。退换货的原因主要分为以下三类：买家原因、产品原因和物流原因。

（一）买家原因

不管发生什么问题，平台首先都是站在买家这一方的。重买家轻卖家的政策，在无理由退货这项条款中体现得淋漓尽致。面对一些买家的不当理由，卖家也只能退货。如果在销售旺季遇到退换货，卖家要做好万全的准备。

买家自身原因而产生退换货的情况主要有下错订单、产品不合适、试用后无理由退货、买家反悔、问题买家这五种情况。

（1）下错订单，即买家拍错了产品，或对相同的产品重复下单；

（2）产品不适合，即买家收到产品后，发现颜色、尺寸等不合适；

（3）试用后无理由退货，可能纯粹不想要，也可能试用后觉得不喜欢；

（4）买家反悔，即买家下单之后，在其他平台或店铺，发现价格更优惠的同款产品；

（5）问题买家，即买家借由平台宽松的退换货政策，恶意购买产品，频繁退换货。

（二）产品原因

如果买家收到的产品质量有问题，要求退换货是理所当然的请求。为了避免这种问题出现，卖家应该积极主动地做好产品的质检工作，在产品出库前争取做到逐个检查、逐个过关。

产品原因而产生退换货的情况主要有以下几种：

（1）质量问题，即产品质量不过关，或者存在侵权和假货的情况；

（2）与描述不符，通常是因为产品描述不准确，过于夸大或过于简单；

（3）产品遗漏，即对于一些组合的产品，以及分开寄送的产品极易产生遗漏。

（三）物流原因

物流原因而产生退换货的情况主要有产品破损、运输时间过长以及货物丢失这三种情况。

（1）产品破损，即包装材料过于单薄，导致产品在运输过程中破损、变形。

（2）运输时间过长，即物流公司配送速度过慢，买家没有耐心等待。

（3）货物丢失，即无法跟踪包裹物流信息，或是经跟踪后发现物流公司将包裹丢失。

温馨提示

退换货的邮费承担者

（1）买家自身原因导致的退换货，通常由买家承担退换货的邮费；

（2）产品原因导致的退换货，通常由卖家承担退换货的邮费；

（3）物流原因导致的退换货，通常由卖家承担退换货邮费，视情况向物流公司索赔。

二、退换沟通

若出现退换货问题，客服人员必然要与买家进行沟通，特别是买家自身原因导致的退换货。这就需要客服人员有技巧地与买家交流，既符合店铺关于退换货的规定，也要让买家感到满意。关于退换沟通，客服人员需掌握两点内容：沟通方法和协商模板。

（一）沟通方法

在与买家沟通退换货时，客服可以参考的基本思路有：首先，对买家的情况表达歉意，并保证会尽快解决。其次，若卖家需调查情况，可让买家提供产品细节，比如拍照显示产品问题；如果原因已经清楚，就解释情况是如何发生的，问题出在哪儿，向买家给出自己的解决方案，再询问买家的建议。最后，需要保证会帮助买家解决问题，塑造负责可靠的卖家形象。

通过以上沟通思路，可以帮助客服快速掌握退换货沟通的方法，明确售后处理的方向。

（二）协商模板

好的沟通能减少很多与买家之间不必要的纠纷，客服需要利用有效的沟通方式，结合客观的优质产品和服务，大力提升买家的满意度与回头率。

在与买家协商退换货问题时，客服可以参考以下模板，如图 5-2 所示。

协商模板

Dear customer,

I am so sorry for any inconvenience. Please don't worry, we will help you solve the problem.

Step1

Could you please send me some pictures (or a video) to show the product problem? We want to show the problem to our supplier to make sure it won't happen again.

Step2

Of course, if the product is defective, we can resend you a replacement for free.

Do you agree this solution? If you have better suggestions, please let me know and we will solve the problem based on your suggestion.

Step3

Waiting for your reply always. Have a good day.

Best regards

Step4

图 5-2　退换货协商邮件示例（1）

当客服收到买家的图片或视频后，可以给出进一步的解决方案，如图 5-3 所示。

在与买家沟通售后问题时，需要注意的内容有两点：首先，在语言表达上，要清晰有温度，不要引起买家反感。其次，尽快解决买家问题，不要让买家感到麻烦和不耐烦。再则，学会承认错误，不要让买家感觉你在推卸责任。最后，学会适当吃亏，让买家感受到你在积极努力地解决问题。

协商模板

Thank you for your pictures and sorry for any inconvenience.

We are trying our best to improve the product quality. But there are stll some uncontrollable situations which may cause the quality problem, such as manufacturing defect or damage during the transit. Please don't worry, it's a small possiblity event. We will test each item before sending it out so that we can avoid the same problem happening again.

In this case, there are two solutions:

1. We can resend you one new product as a replacement.

2. We can resend two products to you for free. But this product is open box product.

感谢您的图片，不便之处，敬请原谅。

我们正在尽力改善产品质量，但是仍然存在一些无法控制的情况，可能会导致质量问题，例如制造过程中的缺陷或运输过程中的损坏。

请不要担心，这是一个小概率事件。我们将在发送每个产品之前对其进行测试，以便避免再次发生相同的问题。

在这种情况下，有两种解决方案：

1. 我们可以向您重新发送一个新产品作为替代品。

2. 我们可以免费向您发送两个产品，但是这个产品是开箱过的，不是全新的。

图 5－3　退换货协商邮件示例（2）

在与买家的协商沟通中，客服的目标是帮买家解决问题并不留差评。如果买家同意我们给出的解决方案，那就需要给买家答复退换货的确认邮件，并按解决方案执行操作。

温馨提示

若经过多次协商沟通，买家仍不接受解决方案，客服就需要将问题上报。

三、退换处理

平台的退换货处理，客服不仅要与买家沟通确认解决方案，还要判断售后的处理方式，尽可能降低订单损失，并严格按照平台规则，流程化处理退换货。关于产品的退换货处理，下面从以下两点展开讲解：

（一）处理判断

由于平台的无理由退换货政策，我们是无法避免商品退换的，所以客服需要尽可能明智地处理退换货，在让买家对产品、服务感到满意的同时，将损失降到最低。

在决定退换货的处理方式时，客服可以根据买家是否收到货物来进行判断。

1. 当买家还未收到货物时

当买家还未收到货物时，主要有以下 5 种情况，客服人员的处理判断参考如下内容。

情况 1：如果货物还在运送途中，能截回来就截回来，给买家作全额退款处理；

情况 2：如果货物截不回来，就跟买家协商，等收到货后再决定要不要退货；

情况 3：若买家不同意，可根据产品成本跟买家协商仅部分退款；

情况 4：买家再不同意，如果货值不高的话建议退全款，货直接送给买家，让其留个好评；

情况 5：如果货值高，就按正常的程序，让买家拒绝收货，运费由物流承担。

2. 当买家已收到货物时

当买家已收到货物时，主要有以下 3 种情况，客服人员的处理判断可参考如下内容。

情况 1：若卖家有海外仓，可以让买家将货退回仓库，待货退到仓库后再退款处理；

情况 2：退回来的货物，如果没有破损，可以联系海外仓重新贴标签再次销售；

情况 3：若已经损坏，可以让海外仓运回国内，或让提供维修退货服务的海外仓公司处理。

（二）退换流程

在处理买家的退换货需求时，卖家需要有完善的售后服务程序，来规范售后服务管理，在提高买家对售后满意度的同时，也能避免不必要的损失。

退换货处理的基本流程有：

第一步，买家提交退货申请；

第二步，客服审核通过退货申请，提供退货地址；

第三步，客服跟踪退货物流；

第四步，仓库反馈货物入仓情况；

第五步，客服处理退款 / 重新发货。

案例解析

顾客邮件沟通要求退货

- 时间：2020 年
- 品牌：匡威 Converse
- 产品：低帮运动鞋
- 价格：350RMB

案例详情 阅读行业典型案例，带给你一点点灵感！

买家收到你发出的商品后，认为收到的是假货，并给你发了一封电子邮件，要求退货。

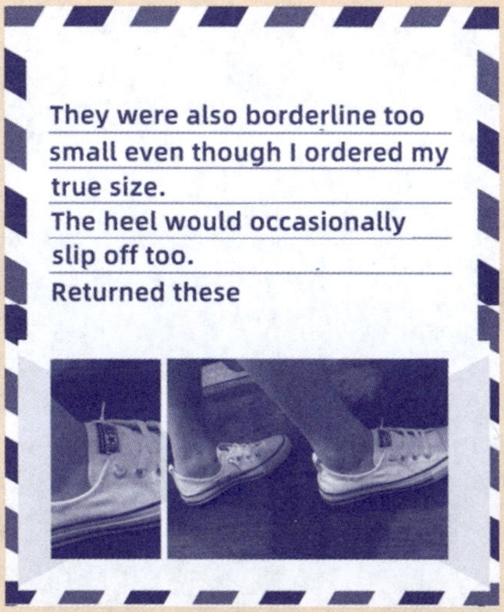

译文：

即使我订购了我的实际尺寸，它的尺寸也太小了。

脚后跟偶尔也会滑落。

打算退回去了。

收到这封邮件，你会如何回复？

以下为邮件回复内容：

Dear {Buyer Name},

Thank you so much for your great support on us.

So sorry for the inconvenience that the hat did not fit you.

Will it be possible to give others as a gift? Or how about we make you a partial refund as a way to make up for this?

Just suggestion, if you insist on returning it back, we will go to the further step.

Waiting for your reply.

Best regards

译文：

亲爱的{买家姓名}，

感谢您对我们店铺的支持。

很抱歉这个产品不适合您，您看您是否能把这个产品作为礼物送给身边的人呢？

如果您愿意留下该产品，我们愿意给您部分退款作为补偿。

如果您坚持退货的话，我们会为您走退货流程。

等待您的回复。

致以美好的祝愿

工作实施

客服人员需要根据买家的投诉详情，提供相应的解决方案，回答买家的问题。做好退换货工作，能够帮助卖家赢得更多的买家，提高买家满意度。

本阶段实践活动及成果要求如下：

实践活动 1：完成退换货处理

活动情境：有买家发来邮件反馈产品问题，现需要小鹿了解订单的具体情况，撰写邮件与买家沟通协商，并完成退换货处理。

工具 / 环境：跨境 B2C 实训平台；有网络的电脑机房。

活动实施流程：

分析售后原因 → 撰写协商邮件 → 完成退换货处理

阶段成果	根据售后原因撰写协商邮件 完成退换货操作处理

引导问题 1：产生退换货的原因有哪些？分别由谁承担退换货的邮费？

引导问题 2：由卖家承担邮费的退换货情况有哪些？

引导问题 3：与买家沟通退换货时，客服应当以什么样的思路撰写沟通邮件？

____

引导问题 4： 与买家沟通售后问题时，客服的目标是什么？

____

____

____

____

引导问题 5： 在判断售后的处理方式时，客服人员要在______________的同时，将______________降到最低。

引导问题 6： 退换货的基本流程包含哪些环节？

____

____

____

____

课堂测验

退换货处理

1.【单选】如果货物丢失，导致买家退款，以下说法正确的是（　　）。

A. 买家需承担发货的邮费

B. 卖家承担退换货的邮费，并视情况向物流公司索赔

C. 卖家承担退换货的邮费，由买家向物流公司索赔

D. 由物流公司承担发货的邮费

2.【单选】买家刚收到货，立即在后台申请了退货退款，卖家应当（　　）。

A. 直接通过买家的退货申请

B. 直接拒绝买家的退货申请

C. 与买家沟通退货原因，协商解决方案

D. 和买家确认是否退货，确认后安排退货流程

3.【多选】买家退换货的原因，主要包含（　　）。

A. 物流原因　　B. 平台原因

C. 买家自身原因　　D. 产品原因

4.【判断】买家自身原因导致的退换货，通常会由平台承担退换货的邮费。（　　）

5.【判断】当售后申请比较多的时候，为了节省工作时间，无论买家以什么原因申请售后，运营都可以直接给买家办理退换货。（　　）

6.【简答】在处理售后问题时，有哪些注意事项？

任务二 评价处理

内容提要

消费者线上购物时基本上都会参考商品评价，对店铺来说，好评率显得尤为重要。在买家给出中差评后，客服人员要迅速与买家沟通联系，协商解决负面评价的问题，在让买家感受到我们诚意的同时，也要将负面评价对店铺的影响降到最低。

知识充电站

一、催促评价

买家在购买商品后，大部分是很少写评论的，这就需要卖家进行侧面鼓励。从买家下完订单起，卖家可以主动与买家通过邮件进行适当的沟通，使买家建立起留评的意识，这在业内被称为催评，即催促买家评价。那么催促买家评价需要注意什么呢？主要有以下两点：

（一）催评规则

很多平台都是不允许卖家操纵评论的，但并没有严禁卖家发送售后邮件。我们可以把催评邮件的主题倾向于为买家提供售后服务，然后委婉地索取评论。

平台对催评的限制，通常来说有以下四个重点：

第一，严禁以任何金钱或物质作为买家撰写及移除评论的奖励；

第二，严禁提供犒赏（包括免费或折价的商品）来邀请评论；

第三，不能在邮件中出现过于明显的诱导评价的内容；

第四，严禁卖家请求买家更改或移除差评。

（二）催评方式

现在很多跨境电商卖家为了出单、为了排名，不计后果地刷单刷评论，但这些卖家最终都尝到了恶果，排名刷不上去、账号被警告，甚至被封停。

诸多卖家面对严打纷纷止步，那究竟要如何获得好评呢？

目前催评的方式分为以下两种：邮件催评和售后服务卡催评。

1. 邮件催评

买家收到产品的时候，是很多卖家集中发力索评的时期。很多卖家都会选择在买家下单后，先发一封索评信，如图 5－4 所示。但过早给买家发索评信，买家还没收到产品，很难让买家有触动，可能买家过后就忘了。

索评模板

Hi [Buyer First Name],

According to our records, your product was delivered a few days ago. I wanted to follow-up with you to check in about your experience. Did you enjoy everything?

Feedback from awesome customers like you help others to feel confident about choosing [Brand] too. Could you take 60 seconds to share your experiences?

We will be forever grateful. Thank you in advance for helping us out!

If there was anything wrong with your order, please let us address your concerns contacting us directly at [Email Address]!

Sincerely,

[Brand Name]

根据我们的记录，您的产品已于几天前交付。我想进一步了解您的喜好。您还喜欢什么吗？

像您这样出色的客户的反馈也会使其他人对选择[品牌]充满信心。 您可以花60秒分享您的经验吗？

我们将永远感激不已。 预先感谢您对我们的帮助！

如果您的订单有任何问题，请让我们解决您的问题，直接通过[电子邮件地址]与我们联系！

图 5－4　买家收货后索评邮件示例

编写索评邮件需要注意四点内容。第一点：附带使用说明，即在邮件中提供一些有用的东西。第二点：增加联系方式，告诉买家我们提供一切可能的帮助，让买家拥有安全感。第三点：使用第一人称拉进关系，让买家觉得是在和朋友联系。第四点：邮件发送时间节点选择在白天，可设置定时发送。

2. 售后服务卡催评

买家收到货后是卖家集中发力索评的时期，有的卖家会选择邮件索评，有的卖家会选择在包裹内附带售后服务卡，如图 5－5 所示。

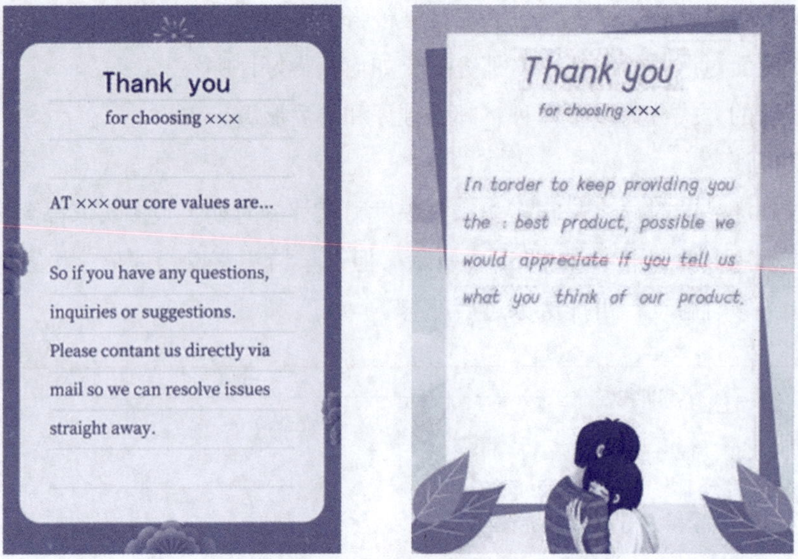

图 5-5 售后服务卡示例

一个好的售后服务卡，很大程度上在于其设计的形状款式。精美的设计版式，可以大大提升服务卡的翻阅率。当然，仅仅有好的形式还不够，如果没有打动人心的内容，也是不行的。

撰写服务卡时，客服可以采用四段写作方式。第一段：表示感谢，同时提升自己作为卖家的形象；第二段：如果买家不满，我们将提供 100% 满意的解决方案；第三段：如果买家不满的情况没有发生，我们就要引导满意的买家来留评；第四段：再次致谢或加带附加内容。

二、差评处理

每一个差评对店铺和卖家都有很大的负面影响，差评会影响店铺整体好评率，好评率是买家挑选产品的重要参考因素之一。产品差评多了以后，销量必然会暴跌。那么差评处理需要注意什么呢？主要包括差评修改和降低影响这两点。

（一）差评修改

当买家在产品评论发布负面反馈后，卖家首先要做的就是单独联系买家解决问题。如果能够联系上买家，给买家道歉并提出解决方案（退款、重发等），争取得到买家的谅解，进而协助修改 / 移除差评，从长远来说，会是比较好的结果。

如果卖家希望买家改差评，卖家可以发信给买家，先表达歉意，然后解释具体情况，表示愿意退货退款或者换货、愿意承担运费。如果买家愿意修改差评，卖家另外愿意额外给几美元的补偿。这样可以争取买家消除差评，不影响销量。但如果买家态度极差不愿意修改，也不能勉强。

例 买家留差评：The item is not genuine.（这个产品不是正品）

差评沟通邮件内容示例如图 5－6 所示：

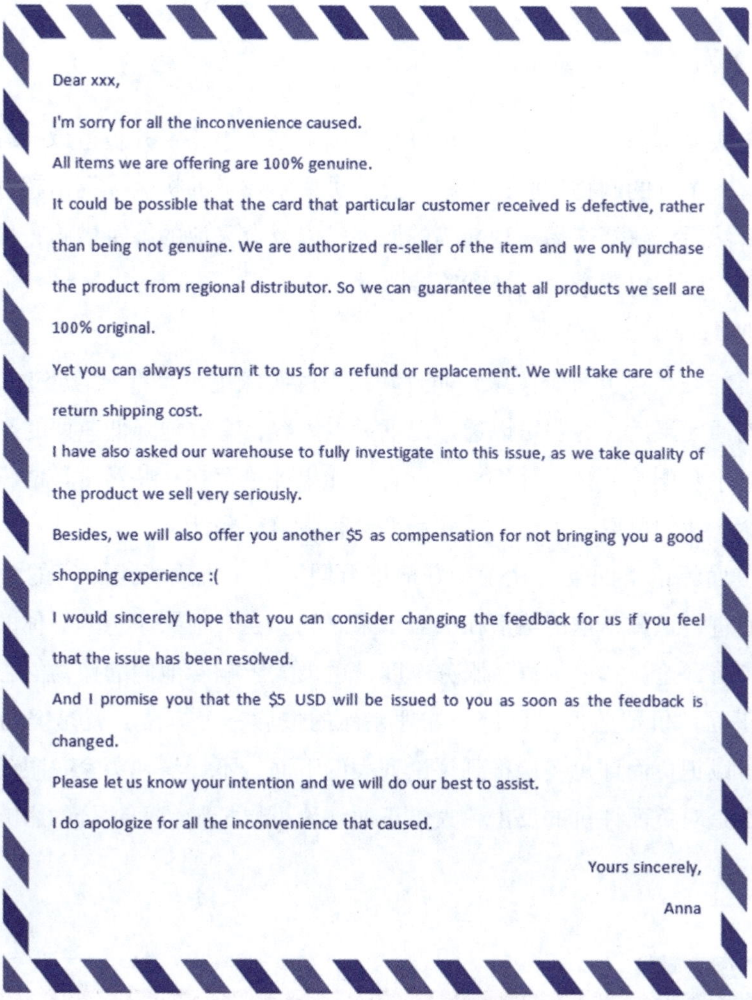

Dear xxx,

I'm sorry for all the inconvenience caused.

All items we are offering are 100% genuine.

It could be possible that the card that particular customer received is defective, rather than being not genuine. We are authorized re-seller of the item and we only purchase the product from regional distributor. So we can guarantee that all products we sell are 100% original.

Yet you can always return it to us for a refund or replacement. We will take care of the return shipping cost.

I have also asked our warehouse to fully investigate into this issue, as we take quality of the product we sell very seriously.

Besides, we will also offer you another $5 as compensation for not bringing you a good shopping experience :(

I would sincerely hope that you can consider changing the feedback for us if you feel that the issue has been resolved.

And I promise you that the $5 USD will be issued to you as soon as the feedback is changed.

Please let us know your intention and we will do our best to assist.

I do apologize for all the inconvenience that caused.

Yours sincerely,

Anna

图 5－6 差评沟通邮件内容示例

译文内容如下：

亲爱的 ×××：

很抱歉给您带来的不便。

我们提供的所有商品都是 100% 正品。

可能是个别客户收到的卡有瑕疵，并非不是正品。我们是该产品的授权分销商，我们仅从区域经销商处购买该产品。因此，我们可以保证出售的所有产品 100% 是正品。

您可以随时将产品退还给我们，进行退款或换货。我们将负责退货运费。

我还要求仓库对这个问题进行全面调查，因为我们非常重视销售的产品的质量。

此外，我们还将为您另外提供 5 美元，作为未能给您带来良好购物体验的补偿。

如果您觉得这个问题已经解决了，我真诚地希望您能考虑修改您留下的差评。

希望能够告诉我们您的想法，我们将尽力协助。

给您带来的不便，我深表歉意。

谨上，

安娜

客服在与买家沟通差评修改时，可以参考以下基本思路：开篇道歉，表达出真心诚意想要给买家一个好的购物体验；接着，恳请买家给改进的机会，提出超过买家预期值的解决方案；然后，解释产品出现缺陷的原因，以及会采取的解决措施；最后，说明以后会做到更好，以取得买家的同情和原谅。

（二）降低影响

客服不可能联系得上每个买家，而且联系上的买家也不是都愿意修改 / 移除负面评价。与买家沟通无果后，客服可以通过以下三点内容，有效地降低差评的影响。

（1）通过平台删除差评，仔细检查内容。如果评论存在一些污言秽语，或和平台规则相悖的表达，我们可以整理出来，联系平台客服申诉删评。

（2）在负面评论下回复，礼貌友好地进行回应。一方面肯定买家的个人体验和感受，另一方面进行道歉，这能给潜在买家带来好感。当其他买家想购买你的产品时，他们可能先去查看评论，卖家的售后服务态度，也极大影响着他们的购物信心。

（3）用正面评价覆盖低星评价。处理差评的最后一个方法，就是努力累积正面评价。这样，可以把负面评价慢慢推到评论列表的下面，不让潜在买家一眼就看到。每一条正面评价都是对负面评价的反击，大量正面评价可以抵消负面评价的影响，避免把买家吓跑。

案例解析

差评售后实例——邮件沟通修改差评

- 时间：2020 年
- 平台：亚马逊
- 产品：喷枪套件
- 售后原因：电池故障

案例详情 阅读行业典型案例，带给你一点点灵感！

（1）买家收到产品的电池有问题，下图为反馈产品问题内容。

Rachel life

★★☆☆☆ **mixed feelings**

Reviewed in the United States on May 8, 2020

Color: Purple | Verified Purchase

received it painted one project cleaned really easy put it on charge and now it will only run when its plugged in? and I let it charge overnight unplug the charging cord and it will not come on at all?

Helpful | Comment | Report abuse

（2）通过买家名称，找到了买家的联系方式，给买家发送了沟通邮件，下图为回复买家邮件内容。

Dear Rachel,

Good morning! Sorry to bother you and thank you for your time.Please accept my deep apology for any inconvenience caused by the Airbrush Kit battery defect.(Please check the attachment)

We want to give our customers a better service. Your satisfaction is on the top of our list. I know that you like our airbrush Kit, but because you are receiving defective products, you are very disappointed. We are very sad and feel very sorry. We love our customers and our products. Without the support of our customers, we cannot exist.

♥Can you give us a chance to improve? -- We can resend you a new Airbrush Kit for completely free. Then you reas-sess* this product and re-share your newest experience ,the original product you can keep it, OK?

What's your opinion? If you have better suggestions, please let me know and we will follow your suggestions to resolve the issue.

We are trying best to focus on the quality of our product, but there still could be various reasons which are out of our control that may have caused the quality problems such as manufacturing defect. In order to avoid this problem from happening again, we have passed it to the production department and they have made it clear that they will make improvements in the next batch.At the same time, we will test each airbrush kit before sending it out.

Dear Rachel, please give us an opportunity to improve. It is not easy for us to maintain a store.But we will work hard for every customer in the future.

Any issue, just reply to this email for immediate assistance.

Waiting for your reply as soon as posible.

Have a nice day!

Best regards

（3）买家同意解决方案，重发之后买家修改评论，下图为买家修改的评论。

Rachel life

★★★★★ **mixed feelings but company resolved them quickly**

Reviewed in the United States on May 8, 2020

Color: Purple | Verified Purchase

received it painted one project cleaned really easy put it on charge and now it will only run when its plugged in? and I let it charge overnight unplug the charging cord and it will not come on at all? I contacted the seller and the very quickly resolved the problem by sending another one! which they did and it works great... awesome customer service

Helpful | Comment | Report abuse

沟通邮件译文

如果由你负责处理此差评，你会如何撰写协商邮件？

撰写大纲如下：

我们很感谢您从我们店里购买了喷枪套件，通过评价我们得知您对本次的购物过程不很满意，我们感到非常抱歉，希望能够为您提供满意的产品和服务。对于本次的订单，将会给您发送一个新的喷枪套件，同时您可以保留之前收到的产品。希望您在方便的时候可以重新评价此次购物体验。

工作实施

买家在购买产品前通常都会参考评论，对比同类产品后再做决定，好评多的产品更能够刺激买家的购买欲。

本阶段实践活动及成果要求如下：

实践活动 2：处理中差评 活动情境：有买家在收到产品后，在店铺留下了差评，现小鹿需要根据差评内容，进一步处理差评，降低对店铺的负面影响。 工具 / 环境：跨境 B2C 实训平台；有网络的电脑机房。 **活动实施流程：** 分析差评内容 → 撰写沟通邮件 → 移除差评	
阶段成果	撰写差评处理沟通邮件 完成差评移除处理

引导问题 7：很多平台都不允许卖家________，但并没有严禁卖家________。卖家可以通过________的方式索取评论。

引导问题 8：客服通过邮件进行索评时，如何提高索评的效果？

____

____

____

引导问题 9：售后服务卡的作用是什么？为什么要使用售后服务卡？

____

____

____

温馨提示

平台对催评的限制

（1）严禁以任何金钱或物质作为买家撰写及移除评论的奖励；

（2）严禁提供犒赏（包括免费或折价的商品）来邀请评论；

（3）不能在邮件中出现过于明显的诱导性评价内容；

（4）严禁卖家请求买家更改或移除差评。

引导问题 10：差评会影响店铺的________，________是买家挑选产品的重要参考因素之一，产品差评多了以后，会导致________暴跌。

引导问题 11：当买家对产品差评后，客服首先要做的是____________，给客户____________并______________。

温馨提示

在与客户沟通差评修改时的基本思路

（1）开篇道歉，表达我们真心诚意想要给买家一个好的购物体验；

（2）恳请买家给改进的机会，提出超过买家预期值的解决方案；

（3）解释产品出现缺陷的原因，以及我们采取的解决措施；

（4）说明以后会做到更好，以取得买家的同情和原谅。

引导问题 12：当联系不上买家或沟通后买家不愿意修改中差评，客服如何降低差评对店铺的影响？

____

____

____

____

课堂测验

评价处理

1.【单选】在给买家发送索评邮件时，卖家不能在邮件里（　　）。

A. 留下联系方式　　B. 附带产品使用说明

C. 向买家索取好评　　D. 与买家套近乎

2.【单选】对于催评规则，以下说法正确的是（　　）。

A. 卖家可以以优惠券作为好处，让买家为产品留下好评

B. 卖家可以在邮件里请买家留下评价，作为其他买家的参考

C. 卖家可以在邮件里，诱导买家留下好评

D. 卖家可以把产品免费送给买家作为条件，请买家留下好评

3.【多选】当买家在产品页留下差评时，卖家可以（　　）。

A. 与买家沟通协商　　B. 用正面评价覆盖差评

C. 在负面评论下回复　　D. 联系平台删除差评

4.【判断】撰写服务卡时，最好不要引导满意的买家为我们留评。（　　）

5.【判断】尽管平台严禁商家要求买家留好评，但为了快速增加店铺好评率，运营人员可以在规避平台监管的前提下，以折扣或返现作为交换，让买家留下好评。（　　）

6.【简答】产品差评会对店铺造成很多负面影响，因此卖家要尽量降低差评的影响。那么该怎么做才能降低差评的影响？

评价反馈

评价方式采用多元化评价，评价主体由学生、小组、教师与企业构成，评价标准、分值及权重如下。

1. 学生以小组为单位，对本工作任务的实施过程与结果进行互评，将互评结果填入表 5－3 中。

表 5－3　学生互评表

评价项目	评价标准	分值	得分
团队素养	小组成员间合作紧密，能互帮互助	15	
	工作计划周密，组织有序	15	
	态度端正，有较强的吃苦耐劳精神	10	
工作情况	工作效率突出	20	
	工作成果完整且质量达标	30	
	严格遵守相关工作守则和法律法规	10	
合计		100	

2. 教师对小组工作过程与工作结果进行评价，并将评价结果填入表 5－4 中。

表 5－4　教师评价表

评价项目	评价标准	分值	得分
专业能力	能对不同状态的订单进行跟进处理	10	
	能根据买家售后原因，撰写沟通邮件	10	
	能有效处理不同售后情况	10	
	能对中差评做出合适判断，并进行处理	10	
任务实施情况	能按时提交工作任务	10	
	提交的工作活动成果质量情况	10	
	工作目标达成情况	15	
	关键技能的掌握情况	10	
情感素养	学习态度认真、细致、严谨	5	
	课堂讨论参与主动性	5	
	养成及时复盘和迭代的习惯	5	
合计		100	

3. 企业对小组工作过程与工作结果进行评价，并将评价结果填入表 5－5。最后将综合评价结果填入表 5－6 中。

表 5－5　企业评价表

达成关键结果	分值	得分
KR1：完成 1 份售后服务卡内容制作	30	
KR2：留评率不低于 10%	30	
KR3：中差评率不高于 10%	40	

表 5－6　综合评价表

综合评价	小组互评（20%）	教师评价（50%）	企业评价（30%）	综合得分

思政园地

跨境电商侵权案件

关键词： 法律法规；维权；侵权

1.【Miffy 兔】

2019 年，米菲兔两次发起侵权诉讼，被告的卖家主要是使用了 Miffy 商标与兔子的形象。

Miffy 品牌商标注册了包含 016（办公用品）、018（皮革皮具）、025（服装鞋帽）、028（健身器材）等多个商标大类。最早的 Miffy 商标是在 1996 年 8 月 15 日提交的商标注册申请，而且不管是文字版的 Miffy 还是图形版的 Miffy 都已经被注册了商标。

当时有大量的卖家在亚马逊、eBay、速卖通售卖 Miffy 的相关产品，并因涉嫌 Miffy 米菲兔品牌商标侵权而被冻结 Paypal 账号。

2.【堡垒之夜】

Fortnite 在 2014 年被注册成商标。堡垒之夜（Fortnite）的周边产品一经推出立刻受到海外消费者的追捧，但是关于这个品牌产品的维权也一直在进行中。在 2019 年，堡垒之夜曾在电商平台上发起过一波品牌维权，当时，独立站、eBay 等平台卖家均有中招，相关卖家收款账户被冻结、产品被下架。几个月之后，堡垒之夜的侵权严查延伸到了更多平台。

资料来源：跨境电商 2019 年十大侵权案件大盘点．赛贝知识产权平台，有删改．

思政园地

客服假扮相亲对象　跨境网络诈骗转战尼泊尔

关键词：客服；职业道德；法律法规

前几天，周立（化名）从一家位于加德满都的“网络游戏”公司逃回国。

周立听与他同去尼泊尔的朋友说有亲戚在日本做亚马逊客服，他一开始以为，这份去尼泊尔的“客服”工作也是类似的。他还说服了原本不同意的父母，“听说是合法的”。

上班第一天，周立拿到了一些通信工具。老板要求他学习一份话术文档，这份文档教新入行者如何与人聊天。

客服通过相亲网站编造虚拟人物，假扮相亲对象在聊天中套取客户信息，然后引导客户参加“游戏”，进行诈骗，直至对方发现被骗后便将客户拉黑。

这些非法“网络游戏”公司视法律于无物，知法犯法，严重违反法律法规，既缺乏职业道德，也阻碍了经济的发展与社会的和谐。经济的发展不仅需要技术的革新，也需要从业人员职业道德的整体提高。各行各业应该将职业道德作为企业甚至是行业发展的重要考量指标，不仅要求从业人员树立高尚的职业道德，企业和行业也要有职业道德。培养职业技能人才的体制也要顺应社会发展的需要，将职业道德教育摆在重要的位置，并将职业道德教育常态化、全面化、系统化。

资料来源：客服假扮相亲对象　跨境网络诈骗转战尼泊尔．财新网，有删改．